体能训练 游泳

徐 洋 / 主编

东北林业大学出版社
Northeast Forestry University Press
·哈尔滨·

图书在版编目(CIP)数据

游泳体能训练/徐洋主编. — 哈尔滨:东北林业
大学出版社,2021.7

ISBN 978-7-5674-2495-1

Ⅰ.①游… Ⅱ.①徐… Ⅲ.①游泳－运动训练 Ⅳ.
① G861.102

中国版本图书馆 CIP 数据核字(2021)第 146565 号

责任编辑:彭　宇
封面设计:马静静
出版发行:东北林业大学出版社
　　　　　(哈尔滨市香坊区哈平六道街 6 号　邮编:150040)
印　　装:北京亚吉飞数码科技有限公司
规　　格:170 mm × 240 mm　16 开
印　　张:13.25
字　　数:210 千字
版　　次:2022 年 4 月第 1 版
印　　次:2022 年 4 月第 1 次印刷
定　　价:68.00 元

前　言

　　游泳运动是体能主导类竞速竞技性项目,它是人体凭借自身肢体动作和水的作用力,在水中活动或前行的技能活动。现代游泳运动的快速发展,使其逐渐成为体育运动中非常重要的比赛项目。竞技体育的高速发展和游泳竞赛激烈性的提升对游泳运动员的体能提出了非常高的要求,良好的体能是游泳运动员充分发挥和运用技术不可缺少的条件,因此通过科学的体能训练促进游泳运动员体能上的突破具有重要意义。科学安排游泳体能训练需要将先进的训练理论运用于训练实践中,合理设计各个训练要素,尤其要注重对先进训练方法手段的设计,使运动员机体产生最佳的反应与适应,实现体能训练效果的最优化,最大化地提升游泳运动员的运动素质。此外,在游泳体能训练中要加强科学监控,这是诊断与监测运动员竞技能力、保障运动员健康与安全以及保证训练效果的重要环节。基于上述分析,作者在查阅大量相关著作文献的基础上,精心编写了本书,以切实为提高游泳体能训练的科学性、安全性以及优化训练效果提供有意义的指导。

　　本书共有九章内容。第一章分析游泳运动的体能特点及科学训练基础,为游泳体能训练工作的开展提供理论依据。第二章阐释游泳体能训练的运动机制与方法,包括体能训练的基本理论、游泳运动身体素质的转移、游泳体能训练的基本原则以及路径与方法。游泳体能训练的安排与落实需要有理论的支撑与指导,第一章主要提供理论支撑,第二章主要提供理论指导,以提高训练的科学性、合理性、先进性。第三章至第七章重点围绕游泳运动员各项运动素质的训练理论、一般与专项训练方法以及训练注意事项展开研究,包括游泳力量素质训练、速度素质训练、耐力素质训练、协调素质训练、柔韧素质训练。不同的运动素质在游泳项目中发挥不同的作用,缺一不可,因此游泳体能训练必须注重全面性,通过全方位的训练来整体提高游泳运动员的体能水平。第八章重点研究游泳体能训练的科学保障体系,包括游泳体能训练的营养补充、疲劳与恢复、伤病康复以及生理指标的自我监督。在运动医学原理视角下应用各种医学保健方法和手段帮助游泳运动员进行科学的体能训练,帮助游泳运动员补充营养、消除疲劳、防治伤病,从而为提高体能训练效果提供科学保障。第九章着重对游泳救生与安全监控体系展开研究。不论是游泳运动员还是普通的游泳爱好者,在游泳健身与训练中都必须重视安全问题,树立安全意识,掌握安全常识和常用救生技能,以保护自身与他人安全。

整体来看,本书具有以下几个特点。

第一,系统性。本书主要围绕两条主线展开研究,一是游泳体能训练理论与方法,二是游泳体能训练科学监控,结构合理,逻辑清晰,层层推进,具有较强的系统性。

第二,全面性。本书在游泳体能训练方法的研究中,涉及力量素质、速度素质、耐力素质、协调素质、柔韧素质等,内容丰富全面,旨在全方位提升游泳运动员的体能水平。

第三,创新性。游泳体能训练方法是本书的重点,在各项运动素质训练方法的研究中,对一般训练方法与专项训练方法进行了专门研究。一般体能素质的提高能够为专项体能素质的提高奠定物质基础,两者相辅相成。这是本书的创新之处,突破了传统研究中只涉及一般体能训练而没有结合游泳项目特征设计专项体能训练方法的弊端与局限。

总之,本书重点围绕游泳体能训练理论与方法、游泳体能训练科学监控两个方面展开系统而深入的研究,期望本书能够为提高我国游泳体能训练的科学性、实效性及全面增强游泳运动员的运动素质做出贡献。

本书在编写过程中参考并借鉴了很多专家、学者的研究成果,在此向他们表示诚挚的感谢。由于作者水平有限,书中难免有不妥与疏漏之处,敬请广大读者批评指正。

作　者
2020 年 11 月

目　录

第一章　游泳运动的体能特点及科学训练基础

游泳运动作为一项水中运动,是非常典型的一项全身性的运动项目。通过游泳,运动者可以得到全方位的锻炼,尤其体能方面的提升是非常显著的。而对游泳运动体能训练的认知程度相对低,则不利于游泳体能训练的顺利开展,因此,本章首先对游泳运动的体能特点,以及游泳体能训练的基本原理和各个学科理论基础进行分析和阐述,以期能为游泳运动体能训练奠定坚实的理论基础,保证游泳体能训练开展的科学性。

第一节　游泳运动的体能特点

关于游泳运动的体能特点,可以从游泳运动员的形态、机能和素质三个方面反映出来。

一、游泳运动员的形态特点

实践证明,人体在水中运动时,阻力最小的是"流线型"体形。所以,一般来说,优秀游泳运动员的体态特点主要表现为:身材高大,四肢修长,手大,足大,肩宽,髋窄,有一定体脂含量。这种体型能在游泳过程中使人体受到的阻力有所减少,从而在提高游泳速度方面产生积极影响。

研究发现,对于不同性别的游泳运动员来说,不同的参赛泳式及项目,表现出来的身体形态特点也是不同的。比如,长距离爬泳运动员和短距离爬泳运动员的身体形态特点就不一样,导致这种差异的决定性原因在于不同项目对技术及供能方式等有着不同的要求。

（一）身高

在游泳竞赛中，身材高大的运动员往往是占据优势的，尤其对于短距离游泳运动员来说，身高尤其重要。近年来，身材高大已经成为世界范围内优秀游泳运动员的发展趋势之一。

（二）克托莱指数

克托莱指数的计算公式为：[体重（千克）/身高（厘米）]×1 000。它是通过体重与身高的比例关系，将每厘米身高的重量表示出来。克托莱指数通常也被称为"肥瘦系数"，也可以进一步理解为相对体重或等长体重来将人体的围度、宽度、厚度以及机体组织的密度。

假设在性别、年龄相同的情况下，该指数的变化为随着身高的增长而逐渐增大。

（三）体型指数

游泳运动员的肩带肌群必须发达且强健有力，主要表现为肩膀宽阔。一般的，在优秀游泳运动员形态结构各指标中，占据主要地位的就是体型指数和髋宽。游泳运动员的体型指数计算公式为：[肩宽（厘米）—髋宽（厘米）]× 身高（厘米）/髋宽（厘米），这也反映了游泳项目对运动员的肩宽要宽和髋宽要窄的体形要求。调查发现，我国优秀短距离游泳运动员的形态特点在体型指数方面主要表现为身材高、手臂长、髋宽较窄。

（四）胸围指数

胸围能够将人体宽度和厚度最有效地反映出来。一般的，胸围指数的计算公式为：胸围（厘米）/体重（千克）。作为一名游泳运动员，胸围指数应该是偏大的。游泳运动员在年龄、性别相同的情况下，体重越重，胸围指数越小。胸围指数会随着年龄的增长而逐渐变小。

（五）臂展指数

臂展，也可以称为指间距、臂长。臂展能够作为一项重要指标来对游泳运动员的身体形态进行衡量。游泳运动员的上肢会直接影响游泳技术,其在增长划水路线和划幅,提高划水效果方面有着显著作用。臂展指数的计算公式为:臂展(厘米)－身高(厘米),臂展大于身高的游泳运动员,通常在运动能力上会有一定的优势。

(六)手、足面积指数

在游泳运动中,划水、打水等技术动作都是通过手、足来完成的,因此,游泳运动员手大、脚大,能使划水、打水效果更好。以人体生长发育的向心律为依据,手、足是先生长发育的部位,因此,在进行游泳运动员选拔时,都会将手、足面积指数作为重要的参考依据。通常,手面积的计算公式为:手长(厘米)×手宽(厘米);足面积的计算公式为:足长(厘米)×足宽(厘米)。

(七)皮褶厚度指数

在人体脂肪组织总量中,分布在皮下组织的就占到了 2/3 之多,皮褶厚度能够将人体脂肪组织的总含量推测出来。一般的,皮褶厚度指数的计算公式为:肩胛下＋脐下,如果脂肪过多,则对于游泳运动是非常不利的,这一点在女游泳运动员身上有着更为显著的体现。

(八)肌肉纤维类型

研究发现,运动项目与肌纤维之间关系密切,这一点尤其在游泳运动员身上有着显著体现。可以说,游泳运动员力量素质的决定性因素是多方面的,而其中最为主要的是肌肉和肌纤维的横截面、各类肌纤维的比例、肌肉和肌腱的伸展性、骨组织的变化等。

肌肉纤维主要有快肌纤维和慢肌纤维两种类型。其中,快肌纤维百分比高的运动员在短距离比赛中更占优势;而慢肌纤维百分比大的运动员,则在耐力项目上优势更加显著。研究发现,慢速训练所影响的主要是慢肌纤维,而快速训练主要影响的是快肌纤维。因此可见,对游泳运动员肌纤维的构成比的充分了解,对教练员的选材是非常有帮助的。通常来说,人机体中快慢肌百分比各为50%,如此一来,游泳运动员在耐力运动和力量运动方面都会占据一定的优势,但却很难成为任何项目中的优秀运动员。肌纤维的构成越偏向于一边,其成为某项目优秀运动员的可能性越大,但其他因素的重要作用也不可忽视。

由此可以看出,游泳运动员肌纤维的比例并不会对最终的比赛结果产生决定性的影响。对于其他运动项目来说,优秀的短距离和长距离运动员之间的肌纤维比例的差异是比较显著的,但短距离和长距离游泳运动员之间的差异是比较小的。因此,尽管肌纤维募集和能量应用方面的研究为训练和营养提供了重要的指导作用,甚至会对运动能力产生一定的影响,但游泳运动员的肌纤维构成与竞赛成绩之间的相关关系并不显著。

二、游泳运动员的机能特点

游泳运动员的机能特点,主要从中枢神经系统、呼吸系统和心血管循环系统等方面得到体现。

(一)中枢神经系统的特点

1. 游泳技能动力定型的建立较难

作为周期性运动,游泳本身在建立动力定型方面应该是比较容易的,但是,由于不同地方的水环境各不相同,这就需要对水性加以熟悉,从而更好地体会浮力、压力和阻力的作用,在水的寒冷刺激方面建立良好的适应性,消除害怕心理。因此,以此为基础,需要借助不断的训练,使各种游泳运动动力定型得以逐渐形成,在游泳技术方面也有良好的掌握。

游泳运动员将动力定型建立起来之后,成绩并不是固定不变的,还要进行一定的巩固训练,从而使运动员保持固定的运动成绩。水的波浪、寒冷等因素会引起中枢神经系统内兴奋扩散的情况发生,对动力定型产生破坏,从而导致一些不必要的意外事故的发生。

2. 中枢神经系统的机能提高

20世纪80年代就有研究发现,经过训练的游泳运动员,相较于一般人来说,在反应潜伏期上是比较短的。还有研究发现,游泳运动员在经过冬训之后,半数以上的运动员在脑电图上产生了供能改善的现象,这在少年运动员身上的表现更加显著,由此可见,游泳训练能使中枢神经系统的机能得到有效改善。

3．易疲劳，但对疲劳的感知程度较低

游泳运动本身具有水阻力大、导热性强、水温低的显著特点，这就会导致运动员的能量消耗多，容易出现疲劳。但是，由于冷水刺激能使人人兴奋，这就会将人体已出现疲劳这一事实忽略，从而导致运动员主观上对疲劳的感知程度较低。因此，在训练过程中，一定要注意避免过度疲劳。

（二）呼吸系统的特点

游泳时，呼气和吸气的难度都比较大，比如，吸气时必须克服水的压力。因此，经常进行游泳训练，运动员的胸腔会有所扩大，呼吸肌就会因此而得到锻炼。所以，一般来说，游泳运动员都会有着比较大的肺活量，一般为 4 500 ～ 6 000 毫升，优秀的游泳运动员的肺活量可达 7 000 毫升。相较于一般的运动员来说，游泳运动员的最大肺通气量要更高一些。

（三）心血管循环系统的特点

游泳运动的运动特点和其特殊的水环境，决定了其在人体心血管机能有着非常高的要求。通常情况下，在游泳比赛后，游泳运动员的血压可以达到 23.94 ～ 26.6 千帕，每分输出量可达 40 升。另外，研究还发现，心血管机能与游泳的距离和泳姿之间有着一定的相关性。

1．心率方面

随着训练的不断推进，我国在游泳运动方面，运动员的专项水平不断提升，一般来说，优秀的游泳运动员在心率方面是有着性别差异的。比如，男性运动员安静时的心率可以由 60 次／分钟下降到 50 次／分钟，最低可达 34 次／分钟；女性游泳运动员安静时的心率则可以由 61.4 次／分钟下降到 53.4 次／分钟，最低可达 46 次／分钟。由此可见，尽管具体的数据不同，但是有一点是可以确定的，即男女游泳运动员安静时都会有心动徐缓的现象产生。

2．血液方面

游泳在血液循环系统方面也有比较大的影响。研究发现，相较于一般的运动爱好者来说，优秀游泳运动员的血细胞数值和体内铁储备量要

占据绝对优势。游泳后血液中的碱储备与游泳的强度和距离之间有着非常密切的关系。比如,中短距离游泳,其有着较大的运动强度,无氧成分较多,这就导致运动员血液中产生的酸性产物比较多,因此游泳后碱储备下降的程度就比较大,一般可以达到45%～50%;再比如,长距离游泳有着较小的运动强度,可以将其归纳到有氧代谢供能的范畴,血液中酸性产物积累较少,因此,游泳后血中碱储备下降的幅度就比较小,通常只有15%～20%。

3. 血乳酸方面

一般的,可以将血乳酸的浓度测量出来,然后以此为依据,来对糖原无酵解供能进行测量,可以说,血乳酸的浓度已经成为近年来控制训练的一项重要生化指标。以运动时机体内糖原无氧酵解的水平为依据,也可以将血乳酸看作控制和评价训练强度的依据。

三、游泳运动员的素质特点

(一)专项力量素质特点

以流体力学原理为依据,当水中的运动速度不断增加,运动过程中所产生的阻力也会增加,并且这种增加是成倍的。运动员要想有效克服这些阻力,获得更快的速度,就必须有更大的力量。因此,对于游泳运动员来说,良好的力量素质是必备的身体素质。

通常,可以将影响运动员力量素质发展的因素大致归纳为三个方面:一个是包括肌肉和肌纤维的横截面、各类肌纤维的比例、肌肉和肌腱的伸展性、骨组织的变化等在内的形态学因素;一个是包括磷酸化合物——ATP、磷酸肌酸的储备,肌肉和肝脏中的糖原储备,外周血液循环效果等在内的能量因素;还有一个是包括脉搏频率、肌内协调、肌间协调在内的神经调节因素。在当前的运动训练中,增加肌肉的横截面,在此基础上增大肌肉群,对于肌肉最大力量的提升所起到的效果是非常显著的。

(二)专项速度素质特点

速度素质,就是指人体快速运动的能力。速度素质通常会有反应速度、动作速度和移动速度之分,这在游泳运动中也有相应的体现,即出发起跳、动作的划频和划幅以及完成距离所需的时间。

短距离项目,如50米,其是以磷酸原(ATP-CP)无氧代谢能力和神经—肌肉的反应能力为基础的。100米项目以糖酵解代谢系统为基础。除了这些短距离项目外,其他也有很多项目是需要具备良好的速度素质进行最后冲刺的,比如1 500米项目。

通常,对速度素质产生影响的因素主要有运动员的感受器(视觉、听觉)的灵敏度、中枢神经系统兴奋—抑制的转换速度、神经—肌肉的协调性、工作肌纤维的构造以及力量、协调性等。

(三)专项耐力素质特点

耐力素质,就是指有机体长时间抵抗疲劳的能力,其通常有一般耐力和专项耐力之分。一般耐力是有机体器官系统机能的综合,是专项耐力产生的重要基础;专项耐力则是一般耐力的发展。

对于游泳运动员来说,耐力素质至关重要,比如,50米主要为磷酸原系统供能,100米到1 500米主要为糖酵解和有氧代谢供能,不同游泳距离有氧和无氧代谢间的比例关系也是有所差别的(表1-1)。由此可以看出,对游泳运动员的耐力素质产生影响的因素主要有其糖酵解系统、有氧氧化系统、力量耐力、意志品质等。

表1-1 不同游泳距离有氧和无氧代谢间的比例关系

比赛距离/米	大约时间/（分：秒）	无氧代谢/%		有氧代谢/%
		磷酸原系统	糖酵解系统	
50	0：23	78	20	2
100	0：50	25	65	10
200	1：50	10	65	25
400	3：50	7	40	53
800	7：50	6	30	65
1 500	15：00		20	77

(四)专项柔韧素质特点

柔韧素质,就是人体关节活动幅度的大小以及跨过关节的肌肉、肌腱、韧带、皮肤以及其他组织的弹性和伸展能力。

游泳运动员的柔韧素质也是非常重要的,因为好的柔韧素质对于游泳运动员运动技术的掌握和肌力的发挥都是有利的。柔韧素质在游泳运动中的作用和意义在各个方面都有所体现(表1-2),除此之外,对于不同泳姿的运动员来说,柔韧素质所产生的作用和影响也是不同的(表1-3[①])。

表1-2　柔韧素质在游泳运动中的意义

柔韧情况	重要作用
关节的活动幅度增大	①使推进力时间延长; ②移臂或打腿动作不会影响身体的水平直线性和侧向直线性; ③可以减少肌肉内的阻力,降低能量消耗,提高游速
踝关节、肩关节和腰背部的活动幅度增大	①加大动作幅度,有利于肌力和速度的发挥; ②防止、减少运动损伤事故的发生

表1-3　柔韧素质对不同泳姿运动员的重要作用

不同泳姿的运动员	柔韧素质的重要作用
蛙泳运动员	①可以通过提高腹股肌周围内收肌,膝关节周围旋外肌和大腿伸肌肌群的柔韧性获益。 ②蛙泳蹬腿的推进力取决于踝关节外翻(背屈)的能力。背屈好的运动员可以更早获得推进力,更早抓住水,延长推进力阶段时间。 ③蛙泳运动员还需要很好的外翻和内转能力。外翻动作可以在蹬腿开始形成适当的攻角,而内转动作可以在最后的蹬夹动作中获得更大的推动力
蛙泳和蝶泳运动员	①躯干部的波浪动作有赖于腰背部肌群的柔韧性。 ②波浪式蛙泳运动员的伸臂和收腿动作都需要良好的柔韧性
爬泳、蝶泳和仰泳运动员	①背部的柔韧性对爬泳、蝶泳和仰泳的移臂动作非常重要。 ②爬泳的高肘移臂可以避免移臂时身体的倾向直线性遭到破坏。 ③蝶泳运动员也需要良好的肩部柔韧性,以免移臂时手臂拖在水中。 ④仰泳运动员需要手臂的柔韧性确保移臂动作轻松,并且不会破坏身体的直线性。 ⑤如果踝关节跖屈的能力超过常人就可以在向下打水(仰泳向上打水)时获得较大的推进力。 ⑥脚内转的作用也很重要,可以在打腿时得到更好的效果

(五)专项灵敏与协调素质特点

人体在运动过程中,通常并不是只展示人体的某一项身体素质的,而是将多种身体素质同时展现出来,这就将人体的灵敏素质和协调能力

---

① 王向宏.体能训练理论与方法[M].北京:北京航空航天大学出版社,2010.

体现了出来。可以说,灵敏素质和协调能力是学习、掌握及运用运动技术的重要基础。从具体意义上来说,运动员的专项灵敏素质水平高,那么,通常其在各种复杂变换的条件下做出应答动作就越迅速、准确、协调;如果运动员具有较高的协调能力,那么在其运动技术的掌握,技能储备和素质潜力的充分开发与利用方面就会有一定的优势,这对运动员最终取得优异成绩是有积极影响的。

对于游泳运动员来说,其灵敏素质和协调能力的表现,通常是通过其出发、转身的反应速度和判断能力,技术动作运用的准确、快速、合理、实效性与否等方面反映出来的。游泳对运动员的协调能力的要求比较高,主要是由于水中活动的特点这一原因,这就突显了游泳运动者控制动作过程的复杂性,因此,对于游泳运动员来说,协调能力起到至关重要的基础性作用。可以说,良好的协调性是优秀游泳运动员的必备素质之一。

灵敏和协调的生理学基础是在中枢神经系统指挥下,将身体的各种能力综合表现出来。在人体中,神经系统是发育最早和最快的,因此,要从少年儿童时期,就对人体的灵敏素质和协调能力进行发展和提升。

第二节　游泳体能训练的基本原理

一、游泳训练负荷原理

(一)负荷组成

人体对运动负荷的刺激所做出的反应在生理和心理两个方面都有所体现。人的生理活动与心理活动两者又有着非常密切的关系,尤其是生理负荷有指标可以进行定量测量,因而在训练中往往通过数量和强度指标来对训练负荷加以评价。

在游泳体能训练负荷中,运动数量和运动强度是基本因素。其中,运动数量指的是全部训练时间内的游行距离,由此,能够将机体承受刺激的数量特征体现出来;运动强度则可以将刺激的深度反映出来,对运动训练效果产生影响的是运动强度这一要素(图1-1)。

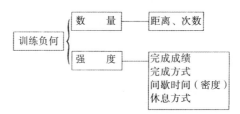

图 1-1　训练负荷组成要素

（二）科学负荷

1. 最佳化训练控制

最佳化训练控制，就是以现实条件为出发点，为了达到最高水平，采用最符合客观实际的、最适宜的科学训练方法，对训练全过程所实施的定量、定时、低耗、高效的训练控制过程。最佳化训练控制的标准不是绝对的，会因条件不同而发生变化。

2. 立体化训练控制

立体化训练控制，就是以训练系统的综合性和系统性特征以及系统的功能放大原理为依据，从训练系统的综合性调控和系统性调控入手，来对运动训练全过程实施的整体性训练控制过程。立体化训练控制原理对运动训练系统功能结构的整体性放大效益较为重视。具体来讲，立体化训练控制主要包括两个方面：一个是综合性训练控制，另一个是系统化训练控制。

3. 信息化训练控制

信息化训练控制，就是在信息观的指导下，在具备充足的信息前提下，以信息控制的基本规律为依据，通过建立完善的信息系统，对运动训练全过程实施的训练控制过程。信息化训练控制原理所强调的重点在于知识信息的重要性，主张训练效果的获得主要靠知识信息和科学监控。

（三）评价强度

在训练实践中，对游泳训练负荷强度进行评定的方法有很多种，其中，常用的有以下几种。

1. 以最好成绩为 100% 强度评定

计算公式

$X=Y+Y（100\%-Z）$

式中：X——成绩要求；

　　　Y——最好成绩；

　　　Z——完成该练习所要求的 % 强度。

2. 以运动员感觉的"用力程度"评定

在训练过程中，以全力游为 100% 强度作为基础，用多少百分比力量游就是多少强度。

3. 按照心率评定强度

利用心率来评定训练负荷强度，是一种应用非常广泛且简单、实用的评定方法。

（1）最高心率。最高心率受遗传影响，个体差异性较为明显，最高心率随着年龄的增加而下降（表 1-4）。

表 1-4 高心率（普通人） 单位：次 / 分

年龄	男	女
10 ~ 11 岁	211	209
12 ~ 13 岁	205	207
14 ~ 15 岁	203	206
16 ~ 18 岁	202	202

（2）基础心率。基础心率与最高心率和恢复心率的关系密切。

（3）恢复心率。心率恢复快，表示负荷强度小或机能状态好，一般以即刻至 10 秒、30 ~ 40 秒、60 ~ 70 秒三次心率相加，次数少，则负荷量小、机能状态好。

（4）利用心率为训练强度分级（运动后即刻）。大强度每 10 秒 30 次以上；中强度每 10 秒 25 次；小强度每 10 秒 20 ~ 21 次。

4. 以血乳酸评定训练强度

在运动结束之后对血乳酸值进行测量，能够有效评定游泳运动员的负荷强度。比如，游泳 50 ~ 200 米项目，通常运动后 3 ~ 5 分钟达到高峰。随着距离的不断加长，乳酸峰值出现的时间也会提早。血乳酸值低,说明强度较低;反之,血乳酸值高,则说明他的运动强度高。

二、恢复与超量恢复原理

(一)恢复原理

恢复,指的是人体机能和能源物质由负荷后的暂时下降和减少的状态回到并超过负荷前水平的过程。研究发现,在运动后的恢复阶段,被消耗的能源物质含量不仅能恢复到原有水平,在一段时间内甚至会出现超过原来水平的情况,称为超量恢复。如不给以新的负荷,超量恢复保持一段时间后又回到原来水平(图1-2)。

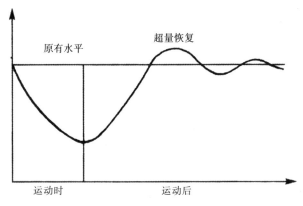

图1-2　恢复原理

1.恢复动态曲线

研究发现,通常在恢复期前1/3时间,会恢复到70%,2/3时间再恢复20%,随之减缓,在后1/3段仅恢复10%。由此可以看出,在最佳负荷范围内,运动员的体能恢复(90%)只需恢复期的2/3时间。因此可以断定,最初的恢复手段与措施是非常重要的。

2.恢复过程的异时性

如果运动员参与的运动锻炼较为激烈,那么此时,人体机能处于高度紧张状态,表现出极高的水平,游泳运动员心率可达到220次/分钟,此时机体会消耗大量的能量。功能水平复原,能量物质补充、再生都在运动后恢复期完成,正常情况下功能水平恢复得较快,心率、血压在激烈运动后20～60分钟恢复到安静水平,血乳酸等代谢产物清除速度稍慢,恢复到安静水平需要 60 分钟以上,而能量物质恢复的异时性更为明显。

（二）超量恢复原理

超量恢复,也称"超量代偿"。超量恢复与承受负荷的大小有着一定的相关性,在极限范围内,机体承受的负荷越大,超量恢复也就越明显。超量恢复还需要负荷后必要的恢复减量训练才能产生。

超量恢复的效果与机体的承受负荷量和负荷强度刺激有关,负荷量较小,强度较大的训练往往会取得较好的恢复效果,这也会有效指导游泳体能训练的开展。

除此之外,超量恢复还受到运动量大小的影响。一般的,在一定范围内,运动量越大,人体内各器官和肌肉的功能动员得就越充分,能量物质消耗的就越多,超量恢复也就会越显著。

（三）恢复与超量恢复的方式与手段

1. 恢复方式

（1）积极性恢复。在训练或比赛之间、之后进行强度较小或其他形式练习的恢复方式,使机体在运动后仍保持一定的代谢水平,可加快恢复过程。

（2）自然性恢复。在训练或比赛之间、之后,机体按日常作息或处于静止状态获得恢复的方式。

2. 恢复手段

（1）肌肉牵拉放松。这种放松手段能缓解运动后延迟性肌肉酸痛和肌肉僵硬,使肌肉放松,促进肌肉恢复,尤其在局部疲劳的肌肉群的恢复方面效果理想。

（2）自然恢复。这种恢复措施是直接且有效的,其在训练体系之中有着较为广泛的应用,能使运动员形成良好的训练、饮食、生活、卫生和睡眠习惯。

3. 恢复的注意事项

（1）合理安排训练内容。在训练计划中,训练的主要内容（主要强度）

在练习之间的转换安排很重要,通常以放松游促进恢复。有关研究证明,优秀游泳运动员极限负荷后放松活动强度影响血乳酸清除的速率,用 50% ~ 60% 的强度慢游或技术游,其血乳酸消除最快。这就说明积极性休息的效果也同样受强度因素的影响。这类研究的重要意义在于使人们认识到,放松活动同样要考虑用最佳强度来提高恢复的效果,才能真正把恢复放在与训练同等重要的位置。

(2)掌握好间歇的时间。间歇时间太短或者太长都不可以。一般通过测定心率的方法来进行控制,如运动后的心率达到 140 ~ 170 次 / 分钟,可以等到心率恢复到 100 ~ 120 次 / 分钟时,再进行下一次运动训练较为合适。

(3)保证充分的休息。睡眠的恢复效果是最好的,因此,要想使游泳运动员的疲劳和体能得到恢复,一定要保证运动员的睡眠质量,这就要求除了提前到达赛区进行适应性训练外,还要有效提升运动员自身的适应能力和抗干扰能力。

(4)训练手段与训练内容相适应。训练方法、手段的转换和训练内容之间一定要相适应,需要对此进行精心搭配,这有利于局部疲劳的减缓。长时间单一内容、单一手段训练负荷的安排往往会导致局部过度疲劳,从而对身体健康和运动能力产生不利影响。

三、训练适应与过度训练原理

(一)训练适应原理

从本质上来看,运动训练的全过程就是运动员训练适应的过程。训练适应特征表明,运动员在每次训练刺激的作用下,使机体产生急性适应,这种训练适应效应积累是与专项需要相符的长期性训练适应,运动员理想运动成绩的取得就是在这一物质基础上实现的。

训练适应具有显著的专项性和方向性,这些特征的变化与负荷的作用这一前提条件有着密切的关系。游泳运动员在训练计划的影响下,向既定专项(姿势、距离)目标发展,以求取得优异的运动成绩。其中,负荷的作用方向和动态变化的趋势是重要的决定性因素,可以说,没有专项化的训练适应,就不可能使专项运动成绩达到较高的水平。同时,训练适应是建立在适宜负荷的前提下实现的,这一点不能忽视,只有具有最佳负荷和科学、合理的负荷动态变化设计,才能保证训练适应的顺利实现。

（二）过度训练原理

导致过度训练的主要原因是过度负荷。随着现代游泳竞技水平的不断提高,游泳运动员负荷趋向于不断向其极限负荷水平冲击,于是导致过度训练的可能性增大,这就对训练负荷安排提出了更高的要求。要想使训练过度的情况得到有效避免,则需要加强训练过程的恢复、监督和合理安排负荷。

严格地讲,负荷过度和最佳负荷之间只有一个临界值,对其产生影响的因素有多个方面,如较为主要的运动员身体机能、训练水平、承受负荷能力等,尤其是承受负荷时身体状况对完成负荷产生非常大的影响。训练过度不仅要看一次负荷的大小影响,更要看负荷后作用的累加效应。

第三节　游泳体能训练的学科理论基础

一、游泳体能训练的生理学基础

（一）肌肉力量训练的生理学基础

关于肌肉力量训练的生理学基础,我们可以从两个方面进行分析和阐述,即对肌肉力量产生影响的生理学因素、肌肉力量素质训练应该注意的生理学问题,具体如下。

1. 肌肉力量的生理学影响因素

影响肌肉力量的生理学方面的因素有肌肉初长度、最大肌肉横断面积、肌纤维类型、神经因素、性别、年龄等。

2. 肌肉力量素质训练过程中存在的生理学问题

（1）力量训练负荷。在力量训练负荷方面,可以从两个方面来加以分析：一个是负荷量与负荷强度方面,另一个是超负荷方面。这两个方面都会影响到肌肉力量的训练效果,因此,这也是重点关注的方面。

（2）力量素质训练的安排。通常,在安排力量素质的训练时,都是根据年度训练计划及比赛的要求来确定力量训练的强度、运动负荷和训练频率。研究发现,在年度周期计划中,不同时期训练量和训练强度也是不断变化的(图1-3)。

（3）力量训练方法的特异性。这里所说的特异性,指的是力量训练过程中的肌肉活动在性质上的差异性,这体现在两个方面:一个是模式与所从事的专项特点,另一个是对神经系统协调能力以及局部肌肉生理、生化特征产生的影响。

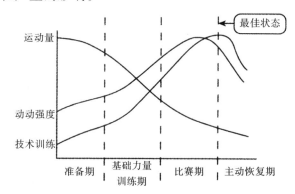

图1-3 年度周期训练中训练负荷的变化

（二）速度素质训练的生理学基础

1.速度素质的生理学影响因素

（1）影响反应速度的生理学因素。

① 中枢神经系统的兴奋状态。

② 反射活动的复杂程度。

（2）影响动作速度和位移速度的生理学因素。

第一,能量供应因素。主要是指磷酸原系统对速度能力的发展和提高产生非常大的影响。

第二,身体形态和发育因素。身体形态和发育情况对专项运动的特点产生重要的决定性影响。

第三,肌纤维类型的百分构成因素。通常,人体肌肉快肌纤维百分比越高,其就具有更强的快速运动能力。

第四,神经系统功能特点因素。要想具有较高的神经过程灵活性特点,就要求神经肌肉的协调性要好,这是提高动作速度和位移速度素质的重要条件。

第五,肌肉力量因素。通常来说,肌肉力量越大,动作速度和位移速度就越快。

2. 速度训练时生理学方面的问题

(1)速度发展的敏感期。7～14岁是人体速度素质发展的敏感期,要以此为依据,来进行有针对性的训练,同时,借助科学合理的训练方法和手段,来取得最佳的训练效果。

(2)"速度障碍"。"速度障碍"是运动员在速度训练过程中出现速度水平停滞不前的现象。要突破这一障碍,有针对性地选择适合的相关手段至关重要。具体要根据实际情况和需要来定。

(3)发展位移速度的生理学重点。

第一,ATP-PC和乳酸的供能系统能力的发展;

第二,肌肉力量和肌肉运动的神经控制能力的改善;

第三,全面身体训练的增强。

(三)耐力素质训练的生理学基础

1. 耐力素质的生理学影响因素

通常,耐力素质有有氧耐力和无氧耐力之分,其在具体的生理学影响因素方面也有所差别。

(1)有氧耐力的生理学影响因素。

第一,骨骼肌利用氧的能力因素。通常,有氧代谢酶活性越高,那么,肌肉组织摄取和利用氧气的能力就越强。

第二,年龄与性别因素。15岁左右人体的最大吸氧量到达顶峰,之后会呈现逐渐减少的趋势,其中男生机体的最大摄氧能力达到最高峰是在16岁左右,女生则是14岁左右。

第三,氧运输系统的功能水平因素。最大心排血量越大,外周肌肉组织单位时间内获得的血流量越多,氧气的运输量也越大。

第四,神经系统的调节能力因素。运动员长时间坚持运动与神经系统调节功能的改善有着密切关系,因此,保持长时间兴奋与抑制节律的转换、协调能力非常重要。

第五，能量供应及其利用效率因素。通常，能使运动员耐力水平得到提高的途径和方法主要为：增加肌糖原储备、提高有氧氧化的能量利用效率、节约肌糖原的利用、提高脂肪利用比例等。

（2）无氧耐力的生理学影响因素。

第一，神经系统对酸性物质的耐受能力。神经系统对运动肌的驱动和对不同肌群活动的协调作用都会受到大量酸性物质的影响，而这些都会影响到人体的耐力素质。

第二，对酸性物质的缓冲能力。通过无氧耐力训练，能够使机体的耐酸能力得到有效提升。

第三，骨骼肌的糖无氧酵解供能能力。肌纤维百分构成和糖酵解酶活性在很大程度上影响着耐力素质。

2. 耐力训练时生理学方面的问题

（1）耐力训练的生理负荷强度。确定耐力素质训练的负荷强度，主要参照的依据有：刺激心脏做功、增强泵血功能和提高外周肌肉氧利用能力等。一般的，个人最大吸氧量的 60%～80% 是比较适宜的。

（2）高原训练。高原训练是发展耐力素质的重要手段，其所产生的主要作用是改善身体功能和增强代谢能力。

（3）呼吸肌疲劳。呼吸肌疲劳会对耐力运动成绩产生一定的抑制作用，因此应通过呼吸机耐力训练，提高呼吸肌的抗疲劳能力，有效增强耐力素质，从而提高耐力运动成绩。

（4）耐力训练期间的营养。耐力素质的训练和发展还需要充足的营养保障，主要摄入糖类物质，同时还要摄入适量的维生素 B、维生素 C 和各种矿物质，保障营养的全面性。

（四）柔韧性训练的生理学基础

1. 柔韧素质的测量与评价

（1）肩关节柔韧素质。主要采用双手背部"对指试验"的方法进行测量，两大拇指在背部的双臂屈肘对指试验中的距离为评价标准。

（2）躯干柔韧素质。主要采用"立姿转体"和"坐姿体前屈"的方法进行测量，其中前者的评价标准为躯干旋转活动范围，后者的评价标准则为躯干屈活动范围。

（3）髋关节柔韧素质。主要采用"仰卧单举腿试验"的方法进行测量，评价标准为测量者两大腿最大夹角。

2. 柔韧素质的生理学影响因素

（1）关节的骨结构。

（2）关节周围组织的体积。

（3）肌肉、韧带组织的伸展性。

（五）灵敏性训练的生理学基础

1. 灵敏素质测量与评价

灵敏素质测评的标准至关重要，通常有以下几个方面。

（1）在完成动作时，能否对自己的身体进行自如的操控，在不同的条件下能否准确熟练地完成动作。

（2）能否通过熟练的动作将力量、速度、耐力、柔韧、协调性、节奏感等素质与技能充分表现出来。

（3）是否具有快速的反应、判断、转身、躲闪、翻转、维持平衡以及随机应变的能力。

2. 影响灵敏素质的生理学方面的因素

（1）性别因素。

（2）大脑皮层神经过程的灵活性因素。

（3）人体感觉器官的功能因素。中枢神经系统提供体内外环境变化信息是其主要表现，其对身体的灵敏性产生的影响是决定性的。

二、游泳体能训练的心理学基础

（一）动机

动机，就是对一个人的活动所产生的心理动因或内部动力。动机是个体的内在过程，行为则是这种内在过程的结果。

要想引起动机，需要具备两个方面的基本条件，一个是内部条件——需要，一个是外部条件——环境。两者缺一不可。

通常,动机的类型有两种,一种是缺乏性动机,其主要特征是排除缺乏和破坏,避免威胁,逃避威胁,逃避危险等需要;一种是丰富性动机,其主要特征是经验享乐,获得满足、理解和发现,寻找新奇,有所成就和创造等欲望。

需要层次论是由美国心理学家马斯洛(A. H. Maslow)提出的,其主要有五个层次。后来,心理学家阿尔得夫(Alderfer)将马斯洛的需要层次论进行了简化,将需要归纳为了三个层次,一定程度上弥补了马斯洛理论的不足。

对于运动员来说,在动机方面加强训练是非常重要且必要的,尤其对于体能训练来说,影响显著。因此,一定要高度重视训练动机的培养和提升,具体可以采用的培养和发展路径有以下几个方面。

(1)将正确且准确的目标确定下来,以此为依据,再确定下来动机的强度与方向。

(2)尽可能使人的各种需要都得到满足,以此来有效激发出他们参与运动的训练动机。

(3)在训练过程中,合理利用奖励手段,有效促进运动员良好训练动机的培养与建立。

(4)以各种差异性的情况为主要依据,有针对性地激发和培养运动员的训练动机。

(二)心理健康

1. 情绪

情绪有好坏之分,好的情绪,就是积极的、愉快的情绪,其所产生的作用是积极的,是对游泳体能训练有利的;不好的情绪,则是消极的、不愉快的情绪,其对游泳体能训练的影响是不利的。

一个人情绪的好坏会在很大程度上影响到人的心理健康。研究发现,导致身心疾病的是下丘脑,这是情绪的中枢(图1-4)。如果所进行的游泳体能训练是科学的、合理的,那么,其通常就能有效预防这方面身心疾病的产生。经常性地进行游泳体能训练,能够有效刺激下丘脑,从而产生愉快的情绪体验。另外,游泳体能训练的开展,能增强运动员的情绪适应性,从而使他们的专项能力和信心得到有效提高。

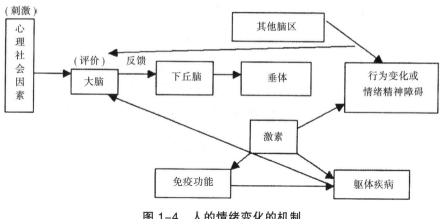

图 1-4　人的情绪变化的机制

2. 人格类型(行为特征)

人格类型会影响到人的生命活动,不同人格类型的人面对同一事件的刺激所做出的反应也不相同。

除此之外,不良的个性特征和不良的行为习惯也是身心疾病的一个重要致病原因,因此,建立良好的个性特征以及行为习惯是非常重要且必要的。

(三)游泳体能训练的心理学要求

1. 力量素质训练的心理学要求

运动员的肌肉感觉和意志品质会对其力量素质产生重要影响。要使力量素质得到有效发展和提升,运动员通常要集中注意力,调整好情绪,目的明确,信心坚定,需要发挥、调动全部身心潜力来完成,顽强的意志是不可或缺的重要心理因素。因此,对于发展力量素质的游泳运动员来说,具有高度集中注意的能力,良好的情绪控制能力和坚韧的意志品质是非常有必要的。除此之外,如果能具有良好的自我暗示、自我命令、自我控制、自我刺激方面的技能也会从心理上对游泳运动员力量素质的训练和提升产生积极影响。

2. 速度素质训练的心理学要求

对于游泳运动员的速度素质训练来说,缩短从接收信息开始到做出应答动作所需时间至最低限度,缩短完成单一动作所需时间至最佳限度,加快动作频率至最大限度,是最为有效的途径和方法。

3. 耐力素质训练的心理学要求

耐力素质的发展与疲劳的产生和消除有着非常密切的关系。通常,内部肌肉、器官的疲劳以及单调乏味的重复性工作都会引发疲劳的产生。要想使游泳运动员的耐力素质得到训练和提升,一定要具有良好的意志品质,来有效克服这些疲劳,同时还要有明确的心理定向、意识与注意的控制能力以及自我命令与激发等心理品质,从而取得理想的训练效果。

4. 柔韧素质训练的心理学要求

柔韧素质的发展难度是比较大的,必须长期艰苦的训练,才能在保证原有柔韧素质的基础上有效促进柔韧素质的发展。需要强调的是,人体的柔韧性是呈逐渐下降趋势的,因此,保证柔韧性的稳定性至关重要。在柔韧性的发展过程中经常伴有疼痛感,即便如此也不要停止锻炼,否则所建立起来的柔韧素质很容易就消退了。因此,要想发展和提升游泳运动员的柔韧素质,就必须具有非常强的毅力和耐心,这是必要条件。

5. 灵敏素质训练的心理学要求

从心理学的角度来看,能够将灵敏素质有效反映出来的因素有多个:反映客体的准确性,观察力、运动表象、运动记忆能力的好坏等。除此之外,游泳运动员灵敏素质的发展也与其应变能力、协调性、适应性有着密切关系,要加以重视。

三、游泳体能训练的运动学基础

(一)肌肉运动学

1. 肌肉概述

作为人体运动之源,肌肉在运动系统中占有非常重要的位置。

(1)肌纤维。所谓的肌纤维,就是指组成整块肌肉的无数形状为细长状的肌细胞,它是构成肌肉的最基本结构。肌纤维由肌内膜、肌外膜、毛细血管网及神经纤维等构成。

(2)骨骼肌。骨骼肌,就是附着于骨骼上的肌肉。骨骼肌在人体肌肉所占的比例中有着最广的分布和最多的数量,是运动系统的主体部分。人体内有数百块大小不一的骨骼肌,占体重的 36% ~ 40%。骨骼肌通常会在神经系统的支配下,收缩牵动骨骼,维持人体处于某种姿势,或产生人体局部运动,最终对机体完成运动所需的各种动作起到促进作用。

通常,可以参照参加工作的肌肉所起的作用,将肌肉分为原动肌、对抗肌、固定肌以及中和肌四种类型。其中,原动肌是直接完成动作的肌群;固定肌是固定原动肌一端附着点所在骨的肌肉;对抗肌是与原动肌作用相反的肌群;中和肌的工作情况有两种,一种是有时两块原动肌有一个共同的作用,另一种是互相对抗的。

2. 游泳体能训练对肌肉的影响

(1)增大肌肉体积。游泳体能训练能够有效刺激肌肉,这种刺激会有效增大肌肉体积,主要原因在于肌纤维粗细和肌纤维数目增多。不同运动项目增大的肌肉体积的所在部位是不同的。对于游泳运动来说,其体能训练增大的肌肉是全身性的。

(2)减少肌肉脂肪含量。如果人体内的脂肪过量,会制约运动者的活动。肌肉内的脂肪在肌肉收缩时会产生摩擦,这就使肌肉收缩的效率大大降低,身体的运动负荷则有所增加。如果能够持之以恒地进行游泳体能训练,则能使游泳运动员的肌肉脂肪有所降低,这对于肌肉收缩效率的提高是有利的。

(3)肌肉内化学成分变化。长期进行游泳体能训练,肌肉内的化学成分会有所变化,如肌糖原、肌球蛋白、肌动蛋白、肌红蛋白、水分等含量均有增加。

(4)肌肉发生延迟性疼痛。肌肉酸痛往往在运动锻炼之后产生,但是,其并不是锻炼后即刻产生,多数是在第 2 天或第 3 天出现,疼痛持续2 ~ 3 天后才逐渐缓解,这就是所谓的延迟性肌肉疼痛。通常情况下,肌肉延迟性疼痛在锻炼后 24 ~ 72 小时酸痛达到顶点,5 ~ 7 天后疼痛基本消失。

（二）骨骼运动学

1. 骨概述

人体运动系统是由多个要素构成的,其中,骨是重要构成要素之一,在游泳体能训练中起到不可替代的重要作用。骨的作用不仅限于此,还表现在支撑身体、保护脏器、造血和储备微量元素等方面。

根据人体的骨存在的部位和它发挥的功能不同,将其形状分为四种,即长骨、短骨、扁骨和不规则骨。

人的骨骼是由骨膜、骨质、骨髓及血管、神经共同构成的,骨骼以骨质为基础,表面被骨膜包裹,内部充满骨髓。

2. 游泳体能训练对骨的影响

通常情况下,游泳运动者一般都处在身体状态上升或巅峰时期,这一时期,人体的新陈代谢较为旺盛。此时进行体能训练,对游泳运动员骨骼的生长和骨骼良好状态的保持都是有帮助的。

（三）关节运动学

1. 关节概述

关节,即两块或两块以上骨骼之间借助结缔组织、软骨或骨的一种连接结构。肌肉收缩时,骨骼的运动之所以能够实现,与关节的存在有必然的联系。可以说,关节的健康状况对人体运动的灵敏和顺畅程度起到重要的决定性影响。

关节主要由关节面、关节囊和关节腔组成,辅助以韧带、关节内软骨和关节唇等结构。

2. 游泳体能训练对关节的影响

在游泳体能训练过程中,首先要保证训练的科学性与合理性,这样,才能起到锻炼和促进肌肉及骨骼的生长发育,增加骨关节面的密度,使骨密质增厚,从而使运动的流畅性更好,由此形成一种良性循环,承受更大的运动负荷。通常情况下,游泳运动对运动员骨骼形状有着特殊的要求,即要求为流线型体形,这样能减少身体在水中的摩擦,提高速度。

第二章 游泳体能训练的运动机制与方法

　　游泳运动发展水平的日益提高,对游泳运动员的体能提出了越来越高的要求。良好的体能是运动员充分发挥技术必不可缺的条件,因此体能训练对游泳运动员来说非常重要。本章主要对游泳体能训练的运动机制与方法展开介绍,主要内容包括体能训练的基本理论、游泳运动身体素质的转移、游泳体能训练的基本原则以及游泳运动体能训练的路径与方法。

第一节　体能训练的基本理论

一、体能的概念

　　广义上,体能指的是人体为适应运动需要而储存的身体能力。体能体现了人体的基本活动能力,综合反映了人体在运动中各器官系统的功能。从人体器官系统的功能、结构、特点来考虑,体能深受健康水平的影响,具体包括身体形态、身体机能和运动素质三个方面的内容。[①]

　　狭义上,体能的概念是针对运动员而言的,指的是运动员在竞技运动中需具备的基本运动素质及专项运动能力。

　　了解体能的概念后,可以初步构建体能的概念结构,如图 2-1 所示。

　　体能是运动员竞技能力的重要组成部分,如图 2-2 所示,除体能要素外,竞技能力还包括技能要素和心智要素。体能与技战术、心理及智能等要素相互联系,相互作用,共同构成竞技能力系统。

---

① 赵琦.体能训练理论与方法 [M].南京:东南大学出版社,2017.

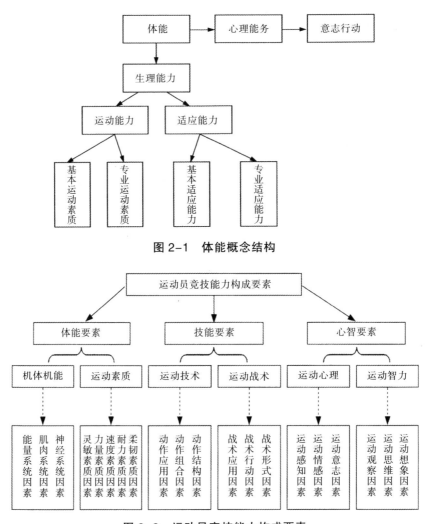

图 2-1　体能概念结构

图 2-2　运动员竞技能力构成要素

二、体能训练的概念

体能训练是运动训练的重要组成部分,是结合专项需要并通过合理负荷的练习,改善运动员身体形态,提高有机体各器官系统机能的活动能力,充分发展运动素质,提高运动成绩的训练过程。[①]

---

① 赵琦.体能训练理论与方法 [M].南京：东南大学出版社,2017.

三、体能训练的要素

在运动训练系统中,体能训练是基础,主要包括力量、速度、耐力、灵敏、柔韧、平衡、协调等各种身体素质的训练。体能训练是根据专项训练和专项比赛的需求而设计的,在训练中通过安排合理负荷的动作练习来促进运动员身体形态的改善、身体机能的增强以及运动素质的提高。

体能训练的基本构成要素如表 2-1[①] 所示。

表 2-1　体能训练的基本构成要素

第一级要素	第二级要素	第三级要素
身体形态	高度	身高
		坐高
		足弓高等
	长度	手长
		臂长
		腿长等
	围度	臂围
		胸围
		臀围等
	宽度	髋宽
		肩宽等
	充实度	体重
		皮质厚度等
身体机能	运动机能	肌肉
		骨骼
		关节等
	神经机能	传入神经
		传出神经
		神经突出等

---

① 黄鹏.运动体能实训指导[M].北京:化学工业出版社,2016.

续表

第一级要素	第二级要素	第三级要素
	呼吸机能	肺通气
		气体运输
		气体交换等
	消化机能	物质消化吸收
		能量代谢
	循环机能	体循环
		微循环
		肺循环
	内分泌机能	激素
		内分泌腺
		激素调节
	感觉机能	视觉
		听觉
		味觉
		本体感觉
	泌尿机能	肾小球滤过
		肾小管和集合管的重吸收等
	生殖机能	
运动素质	力量	快速力量
		最大力量
		力量耐力
	速度	位移速度
		动作速度
		反应速度
	耐力	有氧耐力
		无氧耐力
	柔韧	关节
		肌肉韧带伸展性等
	灵敏	反应时
		神经协调功能等

四、体能训练的内容

体能由身体形态、机能及运动素质三部分组成,开展体能训练,这三部分的训练缺一不可。

（一）身体形态训练

1. 身体训练

身体训练对改善运动员的身体形态具有重要意义,身体训练方法应科学、系统、适合专项需要,这样才能对运动员专项运动成绩的提高产生积极影响。

2. 专项训练

运动员的身体形态是否适应专项特点,满足专项需要,直接影响其专项运动水平和运动成绩,而科学合理的专项训练手段能够改善运动员专项所需的身体形态。

3. 形体训练

除身体训练与专项训练外,芭蕾、舞蹈、持轻器械体操、健身操等特定的形体训练也有利于使运动员形成良好的运动姿态和身体姿势,改善运动员的协调能力和节奏感。

（二）身体机能训练

身体机能训练主要涉及人体各系统的训练,这些系统又各自包含不同的要素,因此身体机能训练中涉及非常丰富的内容,具体如图 2-3 所示。

（三）运动素质训练

运动素质包括力量、耐力、速度、柔韧等内容,这是运动素质训练的主要内容。运动素质的构成要素相互影响,相辅相成,关系密切,其中一个要素的变化会影响其他素质的发展,因此在训练中还要注意复合运动素质(灵敏素质)的训练和训练的整体性,如图 2-4① 所示。

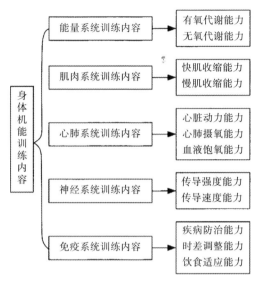

图 2-3　身体机能训练内容

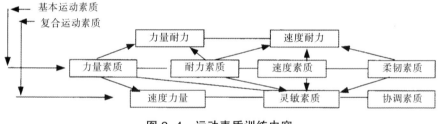

图 2-4　运动素质训练内容

　　在基本运动素质训练和复合运动素质训练中,各项训练内容都有自己的结构体系(图 2-5②),体能训练的整体性要求在训练中根据训练需要和目标尽可能展开各方面的训练,从而实现运动素质的正迁移。

五、我国学者关于体能训练的观点

　　在体能训练发展的不同时期,我国学者提出过一些不同的理论观点,这些理论的出现与完善是我国体能训练不断发展的一个体现。下面分析几个比较具有代表性的体能训练观点。

①　肖涛,孔祥宁,王晨宇.运动训练学[M].重庆:重庆大学出版社,2016.
②　同①.

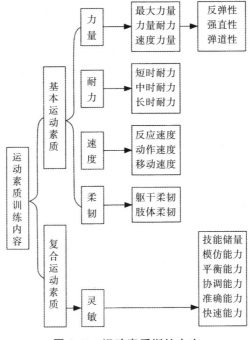

图2-5 运动素质训练内容

（一）身体素质论

20世纪80年代，在还未正式出现体能概念时，运动领域主要围绕力量、耐力、柔韧、速度、灵敏来训练运动员的身体素质。而且对这些身体素质进行了类型划分，如将力量分为基本力量、专项力量，等张力量、等长力量等（图2-6），将耐力分为有氧耐力和无氧耐力，在训练中按照不同的分类进行专门训练。这些身体素质可以两两组合，从而形成新的较为理想的身体能力，如力量耐力就是力量能力与耐力组合而成的；速度耐力是由耐力与速度能力组合而成的。20世纪90年代之前，身体素质论在我国体育界基本得到了认可。这一观点是片面的，带有一定的局限性。比较理想的第三种身体能力或者综合能力不是简单地将几种单一的身体素质加起来就能形成的，而是要按照一定规律、原则将几种单一的身体能力有机组合起来。当时对身体素质训练的认知程度，不能从系统论的角度整体分析，而且也未发现身体素质训练的本质，导致训练效果不尽如人意。

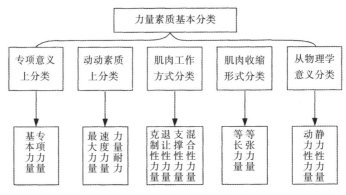

图 2-6 力量素质基本分类

茅鹏先生曾明确否定身体素质论,认为身体素质离开具体运动项目就不可能存在,即没有纯粹的"一般身体素质"。在身体素质训练中交替使用不同性质的训练手段,会打破专项训练的系统性,容易使运动员发生运动损伤。茅鹏先生对"身体素质论"进行批判,予以否定,不是为了将身体训练取消,而是为了进一步将身体训练的任务和目标明确下来,清楚身体训练是为运动员健康和提高运动成绩服务的。

（二）力量素质论

这一理论指出,力量训练是体能训练的主要内容,强调力量训练的强度应大一些。20 世纪前半叶,力量训练的主要手段是重量训练,主要器材是哑铃、杠铃。因为重量训练在体育界比较受重视,所以很多运动员都练成了发达的肌肉,甚至对肌肉力量要求不高的项目的运动员也具有这一身体特征,以至于有专家提出了不满和意见。直到 21 世纪初,力量训练依然是竞技体育领域体能训练的重中之重,力量依然被当作对体能水平有重要影响甚至是决定性影响的关键因素,实施体能训练首先就是进行力量训练。但力量对运动能力的贡献并不是无条件的,力量要转化为速度才能产生作用,因为很多项目中速度决定胜负,否则只有力量本身的话,未必可以跑得快、跳得高。

以投掷项目为例来分析,这是典型的力量性项目,但从实践来看,并非力量越强的运动员成绩越好,或者说一名运动员的投掷成绩并不是一定随着其力量的增长而提升。力量素质中最大力量与投掷运动成绩有直接的关系,但是优秀投掷选手的专项成绩好,并不单纯是因为其力量最大。因为投掷项目属于快速力量性项目,所以出手初速度才决定运动成绩,而最大力量只发挥基础作用。

有研究表明(表 2-2),我国女子投掷运动项目中,运动员的绝对力量发展水平比外国运动员高,女子投掷运动员绝对力量的优势具体表现在铁饼的抓举、高翻以及铅球的高翻、卧推等动作上。我国跳远运动员的体重和国外跳远选手相比较轻一些,但跳远成绩并不突出,这与运动员下肢爆发力不强、灵活性较差等因素有关,这些因素影响了力量向速度的良好转换,身体素质的这些局限性制约了动作的快速节奏。

表 2-2　中外优秀女子投掷运动员（铁饼）各项指标统计

铁饼			铁饼		
指标	中国（n=5）	外国（n=7）	指标	中国（n=3）	外国（n=6）
成绩 / 米	21.21 ± 0.65	21.16 ± 0.79	成绩 / 米	69.67 ± 1.65	70.68 ± 2.29
高翻 / 千克	130.10 ± 10.69	86.24 ± 9.98	体重 / 千克	88.28 ± 2.79	97.30 ± 5.51
卧推 / 千克	143.00 ± 11.53	114.21 ± 20.62	抓举 / 千克	91.67 ± 2.83	75.00 ± 4.12
全蹲 / 千克	186.00 ± 29.82	131.69 ± 19.42	高翻 / 千克	126.20 ± 5.82	95.09 ± 4.09
三级跳 / 米	7.71 ± 0.06	8.13 ± 0.08	立定跳 / 米	2.61 ± 0.15	2.83 ± 0.01

（三）耐力素质论

耐力素质论指出,体能的核心是耐力,体能训练主要就是耐力训练,甚至将两者等同起来,将和耐力有关的所有训练贯穿于整个体能训练过程中。例如,足球是一项集体球类项目,在足球体能训练中非常重视耐力训练,有的教练要求所有运动员每天跑 1 万米,将长跑作为耐力训练的重要手段。但并不是跑得快或者跑得时间久就一定好,能跑并不代表能赢,足球运动除了对运动员的速度有要求外,还需要运动员有良好的节奏控制和应变能力、较强的对抗能力以及良好的灵敏速度,在具备这些体能素质的基础上发挥技术。

（四）基本能力和三分论

这一理论认为,作为竞技能力体系中的一个重要组成部分,体能代表了运动员的基本运动能力和身体活动能力,它由三个部分组成:一是身体形态,包括机体内外形状;二是身体机能,包括循环系统、运动系统等各系统机能;三是运动素质。其中,身体形态与身体机能是物质基础,运动素质是外在表现,体能训练以身体素质训练为主,以身体形态训练和身体机能训练为辅。这一观点对体能训练的认识较为全面,有助于提高体能训练实施的全面性,从这三个方面开展体能训练,能全面提高运动员的体能水平。

基于基本能力和三分论而进行体能训练具有以下几方面的重要意义。

1. 结构平衡

传统的体能训练主要进行运动素质训练,忽视了身体形态与机能的训练,导致运动员体能发展不平衡,而且缺乏身体形态与机能这些物质基础,运动素质也很难进一步发展。基本能力和三分论理论提出要全面训练身体形态、身体机能与运动素质,有助于体能的平衡发展。

2. 内外因明确

身体形态与身体机能是运动素质的内在决定因素,身体素质是运动能力的外在表现形式。在运动训练领域对运动员的体能水平进行评价时,常常选用身体素质指标,如力量、速度等。人体器官系统机能水平的高低在一定程度上决定了身体素质的强弱。

3. 注重综合功能

体能训练从身体形态、身体机能和运动素质三方面展开,具有全面性、综合性,打破了传统体能训练中只训练运动素质的单一性。在体能训练的实际操作中,强调身体训练是为了提高运动素质,注重身体形态、机能训练是为了提升机体的整体工作能力与运动潜力。从整体视角结合专项而设计体能训练具有很强的综合性,有助于改善人体器官功能,提高身体机能水平和运动能力,进而提高抗压和抗疲劳能力,降低运动疲劳的影响,为塑造良好的运动心理和运动智能奠定了基础。

六、我国体能训练的问题分析

（一）缺乏对体能训练的全面理解

我国不同运动项目的体能训练中重点强调五大运动素质的训练,其中力量素质、速度素质的训练被放在首位,这两项身体素质的训练占了较大比例,训练强度较大。此外,在耐力训练中以间歇跑和有氧跑的方式为主,总体来说训练内容不够全面,训练手段不够丰富,对体能中身体形态、身体系统机能的物质基础作用认识不到位,这些方面的训练严重缺失,导致运动员体能发展失调,影响了整体体能水平,这也是容易造成运动损伤的一个重要因素。

（二）对功能性训练的理解片面

近年来,体能训练领域非常重视运动员的核心力量训练和功能性训练,甚至有些项目的体能训练已经被核心力量训练、功能训练代替了,这是不科学的。

从体能训练的现代理论体系来看,功能性训练可以充实传统体能训练,对传统体能训练中的一些不足进行弥补,进一步完善传统训练体系。功能性训练包含稳定性训练、平衡性训练、矫正性训练等训练方式,通过这些训练可以解决结构不合理、能力不平衡以及身体形态缺陷等问题,还能预防一些隐患,但它的功能是有限的,不及体能训练的功能那样全面,所以常规体能训练不能完全由功能性训练代替。

我们要理性对待功能性训练,不能将其与体能训练等同,而应在体能训练体系中融入功能性训练的内容,使功能性训练成为常规体能训练的一部分或者一个重要补充。

（三）训练方法相对单一

体能训练效果的好坏与所选用的训练方法有直接关系。但是,很多人对体能训练方法手段体系缺乏全面的认识,在训练中缺乏宏观把握与控制,一味强调微观训练手段的运用,没有整体考量与评估训练方法手段,在训练方法的实施过程中缺乏严谨的安排,从而对最终的训练效果造成了不利的影响。在体能训练计划的制订中,训练手段的设计很受重视,但是宏观上的训练方法却不受重视,缺乏这方面的合理设计,并且忽视了不同训练阶段的不同训练需求以及采用相应的训练方法手段,而是将单一的训练手段贯穿运用于整个训练过程始终,没有考虑专项需要和阶段性,导致训练效果不尽如人意。完整的体能训练方法手段体系如表 2-3[①] 所示。

表 2-3 体能训练方法手段体系

层次	作用	分类及组成	
整体控制方法	为训练过程提供导向作用和参照体系	模式训练法	目标模型 检查手段 评定标准 训练方法
		程序训练法	训练程序 检查手段 评定标准 训练方法
具体操作方法	保证整体方法的可靠性和科学性	分解训练方法	单纯训练 递进训练 顺进训练 逆进训练
		完整训练方法	
		重复训练方法	短时训练 中时训练 长时训练
		间歇训练方法	高强性训练 强化性训练 发展性训练
		持续训练方法	短时训练 中时训练 长时训练
		变换训练方法	变换负荷 变换内容 变换形式
		循环训练方法	循环重复 循环间歇 循环持续

---

① 赵琦.体能训练理论与方法 [M].南京:东南大学出版社,2017.

续表

层次	作用	分类及组成	
		比赛训练方法	教学比赛 检查比赛 模拟比赛 适应比赛
训练手段	具体操作方法效果和针对性的前提	单一动作结构	周期性、混合性
		多元动作结构	固定性、变异性

（四）盲目增加训练负荷

在传统训练理念的影响下，体能训练一味强调训练强度、训练量、训练难度以及训练严格度的持续增加，力求在平时的体能训练中达到和比赛一样的对抗强度和比赛强度，认为这样的体能训练才对运动员取得优异的运动成绩有帮助，这样的体能训练才更科学。显然这种训练模式并不科学，盲目加大运动量，缺乏对运动负荷的科学监控，容易造成运动疲劳与运动损伤，对运动员的身体造成危害，影响其日常生活与训练比赛，甚至会导致其运动生涯缩短。

（五）缺乏整体设计

在体能训练设计中，不仅要从总体上把握宏观的训练计划，还要注重训练的阶段性，设计阶段性训练计划，明确不同阶段的训练目标，并根据阶段性目标安排阶段性运动负荷，合理安排负荷结构，构建科学合理的训练体系。但在实际中，教练员只强调训练手段对训练效果的意义，看重总体训练效果，而忽视了整体设计及整个体系中的阶段性训练。

实践证明，合理组合不同性质的负荷对提高训练效果具有重要意义，如合理搭配有氧、无氧及混合负荷，有助于提高中长跑训练效果；有序安排大中小负荷有助于促进运动员训练水平的持续提升；有序组合一般力量训练、专项力量训练以及核心力量训练，对力量素质的整体提升具有长远意义。在不同训练阶段采用具有层次感的训练手段，对训练方向进行整体上的把握，能够有效衔接不同阶段和不同周期的训练，厘清训练思路，以严谨的训练逻辑持续提高运动员的运动成绩，使其不断向更高的运动水平冲刺。

（六）与专项结合不密切

与专项结合不紧密是很多运动项目体能训练中普遍存在的问题。不同运动项目的体能特征不同，因此对运动员的体能也有不同的要求，五大运动素质在不同的运动项目中有不同的表现，甚至存在本质上的差异，如果不能认清各项运动的项目特征、体能特征以及其他个性特征，单纯采用统一的体能训练方法手段进行训练，就难以提高运动员的专项体能水平，难以使运动员获得与其专项相符的身体素质，也难以提高专项运动成绩。

（七）不注重初步诊断和过程监控

现代体能训练中存在不注重状态诊断以及过程监控的现象。完整的体能训练过程包括诊断起始状态、规划训练目标、实施有效负荷等几个紧密衔接的阶段，如图 2-7 所示。诊断运动员的体能状态是训练的第一步，如果忽视了这一环节，就无法明确训练目标，更不可能采取有效的训练手段来有针对性地培养运动员的身体素质。因此，要从整体上准确把握体能训练的整个过程，加强过程监控与效果评价，把好过程关，以提高训练效果。

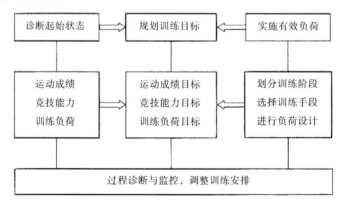

图 2-7　体能训练过程

第二节 游泳运动身体素质的转移

一、身体素质转移原理

各项运动素质相互转移是体能发展过程中呈现出来的一个显著特征。各种运动素质间的相互转移是指发展某一项运动素质的同时,会对同类素质或其他素质的发展产生某种影响。运动素质的转移主要是由有机体的整体性、动作结构的相似性和能量供应来源的同一性决定的。

生理生化基础是促使运动素质转移的内在机制。如果两种运动素质发展的生理、生化基础相同,会产生良好转移;反之,就不产生转移,或产生不良转移。

各种运动素质之间的关系及转移如图 2-8① 和图 2-9② 所示。

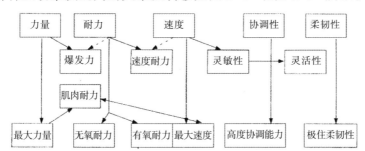

图 2-8　各运动素质之间的关系

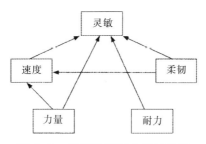

图 2-9　各运动素质之间的转移

---

① 赵琦.体能训练理论与方法 [M].南京:东南大学出版社,2017.
② 同①.

二、身体素质转移原理对游泳体能训练的启示

在体能训练实践中,应在身体素质转移原理的科学指导下创造条件实现各项素质之间的良性转移,同时要想方设法对素质之间的不良转移加以防范,这样有助于提高体能训练效果,整体提高运动员的体能水平。身体素质转移原理给游泳体能训练带来了以下几点启示。

（1）要实现不同运动素质之间的良性转移,并以此来提高训练效果,就要在游泳体能训练过程中注重对训练强度及运动量的合理安排。在一定限度内,身体素质转移的可能性及转移效果与运动负荷之间呈正相关,即转移的可能性和转移效果随负荷量的增加而增加,随负荷量的减少而减少。另外,在游泳体能训练中对能够促进良好转移现象产生的练习要多安排一些,适当增加这类练习的比例能够有效提高重点训练的某一运动素质以及与之发生转移的相关运动素质,进而促进体能素质的整体提高。对于容易产生消极转移的练习,要适当减少对其的安排,并及时弥补消极转移产生的后果,弥补手段主要是对训练方式进行调整,包括训练时机、训练负荷、运动量、训练手段等各方面的调整。调整越及时,身体素质不良转移造成的负面影响就越少,或者影响程度不会太大。

（2）在游泳体能训练中,随着训练的持续进行,运动员的体能水平与运动水平都会有明显的改善,运动员身体生物学改造的空间会变小,有机体不再像训练之初那样有很强的可塑性了,此时良性转移也不会轻易发生,而是有选择地发生。例如,游泳运动员在专项体能训练的初期,通过力量素质训练能够有效提高速度素质,但是到了训练后期,运动员的训练水平提高到一定程度以后,一般的力量训练就不易引起速度素质的提高了。因此,在体能训练的初期和中期要及时把握机会,创造条件,采用易于使运动素质之间发生转移的训练手段进行专项训练,从而实现最优化的身体素质转移效果,使这一良性转移效果可以延续到训练后期,使整个训练过程都能取得好的训练效果。

（3）在身体素质转移原理的指导下促进游泳运动员体能的发展。在应用该原理时,要对主客体的地位及两者的关系有一个清楚的认识,主体是训练中主要针对的体能,客体是受到主体影响的体能,训练主要是为了发展主体,但也要尽可能积极影响客体,实现主客体的协同发展。

第三节　游泳体能训练的基本原则

一、健康性原则

健康性原则是指在游泳体能训练中,以健康为前提去发展体能,训练措施要以增进健康为目的,并且通过增进健康来提高体能,促进运动技能的掌握。[①] 体能广义上讲是指人体适应外界环境的能力,也就是人体适应环境的能力,它包括与健康有关的健康体能和与运动有关的运动体能。健康状况决定了可利用的体能。所以,在游泳体能训练中,发展体能的前提是拥有健康,只有这样才能确保运动员正常的训练。

贯彻健康性原则有以下几项基本要求。

(1)从贯彻这一原则的目标上来说,进行体能训练是为了增进健康、增强体质、提高身体素质,围绕目标开展的训练活动必须要在运动员身体健康的前提下进行。

(2)让健康性原则深入人心,思想上要把健康性原则放在首位,以健康作为训练的前提,虽然在训练中提倡勇敢拼搏、克服困难的意志品质,但是要把握好一个度,要在维护和建立体能健康的范畴之内进行训练。

(3)健康性原则要贯穿于训练的始终,在训练方法的选取、实施过程中,不要放松对健康的关注,甚至可以将其融入训练之中形成一个分支,永远伴随体能训练全过程。

(4)贯彻健康性原则不仅要在思想意识方面引起重视,在具体的训练活动中也要表现出来,如在训练中要考虑周全,注意安全保护,关注设施的安全性能,确保在安全、健康、卫生的环境中进行训练,预防运动损伤。

二、科学性原则

科学性原则是指设计体能训练方法必须考虑游泳运动的项目特征

[①]　程橙.体育运动训练的基本原则[J].教育,2014(5):65-66.

和游泳运动员的训练需求,运用系统论的方法学原理指导训练。游泳体能训练方法的对象是游泳运动员,应根据不同运动员的体能水平进行体能训练方法的针对性设计。在掌握游泳运动项目规律的基础上,充分考虑运动员的身体情况、运动技能的形成规律、身体生理负荷的适应规律,来设计合理的体能训练方法。

在游泳专项化体能训练方法的设计中,要依据各项游泳技术的特征、工作肌肉的活动方式、发力结构和人体各关节所具有的主要功能设计训练手段。

三、全面性原则

进行游泳体能训练,要采取多样化的训练方法与手段,以全面塑造运动员的身体素质,协调发展运动员的身体能力。人的身体是统一的系统,只有坚持训练的全面性,才能有效提升各部分机能,进而整体提高身体素质。

贯彻全面性原则要注意以下几个要点。

(1)既要训练优势身体素质,也要训练弱势身体素质,将两者兼顾起来,促进身体素质全面发展。运动员的体能发展如果不平衡,就要重点加强对弱势部分的弥补与训练,然后促进优势部分的不断强化,进而达到全面协调发展与提高的训练目标。

(2)身体素质与运动能力之间有密切关系,要予以准确把握,锻炼身体素质能够增强运动能力,反过来,提高运动能力可以增强身体素质,两者相互促进,为实现全面发展目标,需要将身体素质训练和运动能力训练结合起来。

(3)对训练内容的选择必须合理,兼顾不同运动员的特殊情况和个性特点,促进所有运动员的共同提高与进步。

(4)循序渐进地安排体能训练计划,不能贪快求难,否则容易发生损伤,对身体机能与身体素质的全面平衡发展造成影响。

四、针对性与个体化训练原则

针对性训练是指游泳体能训练必须与专项要求、应对复杂多变的环境等相结合,提升运动员的实战能力和应变能力。针对性训练是体能储备的一个重要措施和必经环节。

体能训练是针对集体和个体的训练,针对个体进行训练的目的是有效发展个体的体能。不同运动员的身体素质、健康状况和运动能力等条件是不同的,训练中要因人制宜,确立适合于不同运动员自身实际情况的训练模式与方法。群体模式(如按建制施训)是大方向,对个体进行个体化训练是实现群体发展的重要保障。

五、简易性和实效性原则

简易性原则是指在进行游泳体能训练方法设计时,要考虑训练时间、场地、器械等客观因素,所设计的体能训练方法能够不受场地、器械的制约,以简单易行、低耗高效的训练手段满足训练需求。

实效性原则是指在进行游泳体能训练时,要考虑体能训练方法的针对性和有效性,通过有效的途径、手段提高运动员的体能水平。

六、综合性原则

综合性原则指的是在游泳体能训练中,经过一般体能训练和专项体能训练后,要循序开展综合体能训练,将一般体能训练、专项体能训练、技术训练、心理训练等结合起来,偏重于比赛实际运用的体能训练。练习方式以比赛训练法为主,通过在训练课中模拟比赛的环境,从实战出发,使运动员感受到近似于真实比赛的赛场氛围,提高运动员的应变能力与适应能力。[1]

另外,还可以在练习中插入模拟对手,提高游泳运动员的抗压能力与实战能力,有效地提高游泳运动员对比赛中出现不良因素的抗干扰能力,从而形成游泳运动员良好的竞赛心理,为游泳技术的稳定发挥奠定基础。

---

[1]　程橙.体育运动训练的基本原则[J].教育,2014(5):65-66.

第四节 游泳运动体能训练的路径与方法

一、认知游泳运动的项目特征

游泳是体能主导类项目,具有周期性。游泳运动员在水中不断重复相同的技术动作,全力以赴在最短时间内游完规定距离。游泳运动是在水环境中进行的,这是这项体育运动最大的特点。在水中游泳,推进力是在身体和水的相互作用中产生的。在水中运动和在陆上运动有很大的不同,这主要是因为水和空气有不同的物理特性,对人体产生了不同的影响。具体体现在以下三个方面。

首先,难以压缩是水的一大特性,人在水中会受到水向上托的力,也就是浮力。俯卧和仰卧是人在水中游泳时常见的身体姿势,在水中运动的人体不像在陆上运动那样容易保持平衡。

其次,水的密度大于空气,人在水中运动时受到的水的阻力远远大于在陆上运动时受到的空气的阻力,波浪阻力、形状阻力、摩擦阻力使得人在水中游泳有了难度。

最后,在水中游泳时,呼吸困难的感觉很强烈,这是因为水能够对人体产生压力,人体每下潜 1 米的距离,就会增加 0.1 帕斯卡。

二、把握游泳体能训练的专项特点

游泳体能训练中要结合游泳运动的专项特点进行专项体能训练,所采取的身体训练方式要与游泳专项技术有关,也有利于提高专项运动成绩。不管是力量、速度、耐力、柔韧等身体素质的训练,还是环境适应能力、抗缺氧及抗时差能力的训练,都要体现出专项特征,满足提高专项成绩的需要。

游泳专项体能训练主要有两种方式:一种是在陆上展开的专项训练,另一种是在水上展开的训练。在游泳专项体能训练中往往存在着重水中训练而轻陆上训练的现象,事实上,陆上体能训练是非常重要的专项训练方式,该训练能够有效促进运动员游泳成绩的提高。陆上体能训练在改善游泳运动员力量素质、协调素质以及柔韧素质方面有着很大的优势。但也不能只在陆上进行专项训练,否则会对运动员的身体形态结构和身体机能产生消极影响,进而对运动员的运动水平及比赛成绩造成影响。因此,要将陆上训练和水中训练这两种类型的专项训练充分结合起来,并对二者各自所占的比例进行科学合理的安排,找到一个平衡点,从而使游泳运动员经过全面训练,获得与提升专项所需的身体素质,提高训练效果和运动成绩。

在游泳体能训练中要把握好专项特点,重视专项体能训练,但在这之前要先进行基础体能训练,在运动解剖学、运动生理学等人体科学理论以及运动训练学的指导下采用丰富多彩的身体练习手段提高运动员的身体活动能力,改善其身体形态和身体机能,促进其基础运动素质的全面发展。游泳运动员进行一般体能训练有助于形成良好的体能基础,从而为专项体能训练和技术训练做好准备。

三、设计游泳运动体能训练方法

随着游泳运动的不断发展以及对体能训练重视程度的不断提升,游泳体能训练方法体系初步形成。但因为有关人员在这方面的研究并不多,而且不够深入,导致现有的体能训练方法较少,尤其是专项体能训练方法单一,这样的训练容易使运动员产生枯燥乏味感。为了有效提高游泳运动员的运动素质,提高其专项体能水平,要在运动训练理论的指导下,结合游泳运动的体能训练特征,从专项视角来科学设计游泳体能训练方法,并将一般体能训练方法与专项体能训练方法结合起来,充分满足运动员的体能训练需求,使游泳运动员拥有良好的体能素质,在训练与比赛中取得更好的成绩。

一般来说,游泳运动体能训练方法的设计要从以下几方面展开。

（一）体能训练方法需求分析

当游泳运动员的实际体能状况与期望目标有差距或者其体能状况不能适应与满足专项需要时,就会产生体能训练需求。设计体能训练方法就是帮助游泳运动员解决体能问题的过程,分析游泳运动员的体能训练需求是解决问题的第一步,也是整个解决问题过程的起点。在解决实际体能问题的过程中,只有先认识到存在什么问题,对问题的本质有清楚的了解,才能想方设法来处理问题。对游泳运动员的体能训练需求进行分析就是为了清楚游泳运动员的运动素质存在哪些问题,需要重点解决的问题是什么,然后再评估通过体能训练解决体能问题的可行性,最终将通过体能训练可以切切实实解决的实际体能问题确定下来,以便于针对这些问题进行训练方法设计。

游泳运动是体能类项目,运动中容易发生损伤,不科学的训练会对身体形态造成不良影响,会有害于肌肉的对称性发展和肌肉力量的均衡发展,甚至会影响日常生活,而且训练方法不科学也会使发生运动损伤的概率增加。对于游泳运动员以及一般游泳爱好者来说,良好的体能素质是其在游泳运动中充分发挥技术的基础与前提,因此必须先练好身体,具备良好的体能基础。如果体能水平不高,必定会对游泳技术的发挥造成制约,而且容易在游泳中受伤。因此,必须先做好需求分析工作,然后以形成良好体能素质为导向进行科学训练,以使运动员具备专项体能素质,减少运动损伤发生的概率。

（二）体能训练方法目标确立

基于对游泳运动员体能训练的主客观需求的分析,可确立游泳体能训练方法的目标,以明确运动员通过训练要达到的标准,该目标对运动员的体能训练活动具有指向作用。需要注意的是,体能训练需求不同,设计的体能训练方法也有差异,基于体能训练需求进行训练方法设计一定要体现出针对性和个性化。

体能训练方法目标一般有提升基础体能、强化专项体能、矫正不良体态、锻炼健康体质、预防运动损伤等。根据不同层次的目标对不同的训练方法进行设计。建立在训练需求的基础上对训练方法进行设计和实施,可以有针对性地、有效地解决运动员的体能问题。如果是为了矫正不良身体形态,可以先进行身体形态测试,找出不对称、不平衡或做动作时有局限的部位,然后有针对性地进行训练,以解决身体不对称与不平衡的问题,使完成动作时减少局限。如果是为了提升体能水平,需要设计形式多样、丰富有趣的训练方法,使运动员的体能水平达到专项要求。如果是为了预防运动损伤,需要先了解游泳运动中哪些部位容易受伤,造成损伤的常见原因有哪些,然后加强易伤部位的锻炼,重点干预,增强该部位的力量,减少受伤的可能。

（三）体能训练方法手段选择

要达到某种目的，必然要借助于一些手段，手段作为实现目标的工具在整个活动过程中扮演着非常重要的角色。目标不同，采取的方法手段也不同，以目标为导向选择相应的方法手段可使目标的实现效率得以提高。上面已经提到参与游泳体能训练的几个常见目标，明确目标后，对科学合理的手段进行选择与实施，从而尽快实现相应训练目标。体能训练方法是否有效，训练目标的实现效率是否令人满意，关键是要看能否基于训练目标而合理选择训练手段。训练需求和训练目标都是选择训练手段的重要依据。在训练手段的设计与选用中，还要解析游泳运动的动作模式，分析完成连贯游泳动作过程中参与工作的肌肉群和肌肉活动方式，从而设计身体练习方式，促进肌肉力量、速度及耐力等性能的提升与改善，促进游泳动作质量的提升。

（四）体能训练方法练习步骤

在游泳体能训练方法的实施过程中，练习步骤或练习顺序的安排直接影响训练效果，因此必须设计好练习的前后顺序。在训练方法练习步骤的安排中，要坚持运动技能形成规律的科学指导，要贯彻负荷适应、循序渐进以及个性化原则。一般先安排简单容易的单一动作练习，然后逐渐过渡到复杂较难的动作组合练习；先安排徒手练习，再安排器械抗阻练习；先安排稳定状态的多点支撑练习，再安排非稳定状态的单点支撑练习。

此外，安排体能训练方法的练习步骤时，要在符合游泳运动项目特征的基础上突出不同运动员的差异性（身体形态差异、身体机能差异、身体适应能力差异、身体运动功能差异等），考虑不同运动员的个性化需要，所设计的训练方案要能满足不同运动员的训练需求，帮助不同运动员弥补自己的不足，全面提高其体能素质，实现训练目的。

四、加强游泳运动体能训练的监控

在游泳运动体能训练中，要在运动生理学、运动生物力学、运动生物化学、运动医学、运动训练学等多学科的理论指导下，运用多学科的方法对训练过程及效果进行分析研究,对训练计划进行优化调整,全方位进行最优化控制与干预,从而实现体能训练效果的最优化,使运动员经过训练后体能达到最佳状态,并长期保持最佳体能状态。

游泳教练员要有效控制运动员体能训练活动的整个过程,对整个过程中的各个环节以及相关方面予以准确把握与严格控制,适时调整训练内容、训练量、运动强度,以早日实现预期训练目标,有效提高训练效果。

对体能训练进行监控,要特别注意对运动负荷的监控与调整。在体能训练过程中,将一定的运动负荷施加给运动员的身体,如果负荷在正常范围内,那么运动员的机体反应也保持在相应的适度范围内,随之产生的一些变化也是适度的。机体承受的负荷越大,就越刺激机体,从而引起越发强烈的应激反应,也带来非常明显的相关变化,逐步增大负荷有助于不断提高运动员的身体运动能力。但并不是机体只要受到负荷的刺激,就会产生良好的应激变化,就一定能提高身体适应能力,也不是负荷越大,身体适应能力和运动能力就越能得到改善;相反,如果施加的负荷过大,运动员机体受到的刺激超过其最大承受范围,就会损害运动员的身体,甚至也会给其心理造成阴影。运动员在训练中如果机体出现不适症状,要及时调整运动负荷,如果不及时干预,就会造成过度疲劳或运动损伤,可能打破机体原有的平衡与状态,使机体很难恢复,从而影响正常训练,甚至会影响参加比赛。

由于在训练过程中运动员呈现负荷的极限性特点,为使训练产生良好的训练适应而非出现劣变现象,必须对训练负荷及运动员的状态进行有效监控。

第三章　游泳力量素质训练与提高

游泳运动是一项全身运动,对力量素质有着较高要求。力量素质本身是人体肌肉工作时克服阻力的能力,其在所有体育运动中都是重要的体能素质之一,是其他体能素质的基础,有着不可替代的重要作用。因此,进行力量素质训练并提高力量素质水平至关重要。本章将对力量素质训练的基本知识、基本原理与方法、一般性力量训练,以及针对游泳运动的专项力量训练、核心力量训练,还有游泳运动力量素质训练的注意要点进行分析和阐述,以此对力量素质训练以及游泳力量素质训练与提升有全面且深入的了解与认识,在理论和实践方面都有着科学的指导意义。

第一节　力量素质训练概述

一、力量素质的概念

力量,实际上就是指人体肌肉的收缩力量,这是人体从事任何运动都不可或缺的,可以说,力量是维持人体的基础生活能力。

作为身体素质的一种,力量素质是指在神经系统的支配下,人体或身体某部分通过肌肉收缩克服阻力的能力。力量素质主要是通过肌肉的工作形式表现出来的,如肌肉在工作时要克服的阻力有内部阻力和外部阻力。

二、力量素质的类型

力量素质的类型是多种多样的,具体根据不同的参照标准可以进行不同的类型划分。下面就对常见的力量素质的类型进行介绍。

（一）绝对力量

绝对力量，就是肌肉中或一组协作肌中总的力量潜力。绝对力量作为一种潜在的力量形式，是运动员追求的最佳状态。但是，这一力量素质的类型并不是经常出现的，其通常在特殊的状态下才有可能被部分激发出来。一般的，经过系统训练的运动员的绝对力量是大于普通人的，因为其所调动的参与工作的肌纤维更多。

（二）最大力量

最大力量，就是人体或身体某部分肌肉克服最大阻力的能力。最大力量通常在比赛中表现出来。有一点要强调，最大力量与专项力量并不是等同的关系，但是，最大力量在竞技体育中有特殊的价值，其会对爆发力产生极大影响。

（三）相对力量

相对力量，就是人体每（千克）体重所具有的力量，其计算公式为：最大力量/体重。相对力量在很多项目中起到重要的影响和作用，比如，举重、拳击、摔跤、体操等。

（四）快速力量

快速力量，就是人体或某部分肌肉快速克服阻力的能力。快速力量与速度、灵敏、协调之间有着非常密切的关系。许多运动项目在进行力量素质训练中，都会包含着快速力量这一内容。快速力量又可以进一步细分为爆发力、起动力、反应力、制动力等多种形式。

（五）爆发力

爆发力，就是神经肌肉系统以最短的时间、最大的加速度，爆发出最大力量来克服一定阻力的能力。爆发力最大值通常在 0.15 秒内就能达到，用力的梯度和冲量表示，是速度力量性项目提高成绩的关键。

（六）力量耐力

力量耐力，就是指肌肉长时间工作克服阻力的能力，或者能以预定的力度维持动作的能力。

（七）专项力量

专项力量，就是以高强度专项运动的形式完成动作、克服阻力的能力。提高专项力量是力量训练的核心目的。

（八）反应力

反应力，就是指肌肉在由离心式拉长到向心式收缩过程中，利用弹性能量在肌纤维的储存再释放，以及神经反射调节所爆发出的力量。

力量的分类随着运动实践和训练科学的发展在不断细化、深入，最大力量、相对力量、快速力量、力量耐力的分类方式已不能很好满足训练实践的需要（表 3–1[①]）。

表 3–1　力量分类的细化

传统分类	细化分类		重要力量概念
	大类	亚类	
最大力量 相对力量 快速力量 爆发力量 力量耐力 专项力量	最大力量：神经肌肉支配能力、肌肉横断面 快速力量：起动快速力量（30 毫秒）、结束快速力量 力量耐力：有氧力量耐力、次最大力量耐力、最大力量耐力 反应力量：短程式反应力量（踏跳＜170 毫秒）、长程式反应力量（踏跳＞170 毫秒）		基础力量 反应力量 核心力量 专项力量

三、力量素质训练的准备工作

（1）训练前的检查工作要做好。具体就是，要对自己的身体条件进行检查，明确自身条件所允许承受的训练负荷，一定要把握好训练的量，这样才能在保证训练安全的前提下，获得最佳的训练效果。

（2）明确理想素质训练的目标，从而有效指导力量素质训练各项工

---

① 赵琦.体能训练理论与方法 [M].南京：东南大学出版社，2017.

作的开展和顺利进行。

（3）力量素质训练要持续进行,这样才能取得理想的训练效果,这就要求在开始之后,要按照训练计划坚持并保持下去。只有持之以恒,才能够达成目标。

（4）每天在力量素质训练结束之后,要坚持做好训练记录,训练项目的名称、组数、每组的重复次数和重量都要写清楚,还要写清楚训练的感觉,以及训练的状态。这能够为训练计划的调整和训练手段的改进提供依据和支持。

第二节　力量素质训练的基本原理与方法

一、力量素质训练的基本原理

（一）合理运动负荷原理

力量训练离不开适宜的运动负荷,这是必要条件之一。因此,在力量训练过程中,一定要对运动负荷进行合理安排,而所参照的依据主要是训练任务和对象的水平。随着力量素质训练的不断推进,运动负荷也要逐渐增加,需要遵循循序渐进原则。

对于游泳运动力量训练来说,在经过一段时间的训练并且达到了一定的水平之后,运动负荷的增加必须达到极限。因为只有极限负荷的刺激,才能将运动员机体的机能潜力充分挖掘出来,达到参加激烈比赛,创造优异运动成绩的要求。但是有一点要明确,并不是负荷量越大越好,也不是始终都需要大负荷量,而是要从不同时期的训练任务和不同运动员的训练水平出发,逐步地增加,有节奏地安排,这才是合理的。

（二）不间断性与周期性原理

对于游泳运动力量训练来说,不间断性和周期性是非常重要的原理。力量素质必须通过多次重复训练才能得到一定的发展和提升。因此,对于游泳运动员来说,必须按计划进行系统、持续不断的训练。要想使游泳运动员的力量素质训练不间断地进行,各级训练组织形式之间的衔接至关重要,坚持全年训练有足够的训练日和训练次数,并在训练过程中采取有效措施,使伤病的发生概率大大降低。

在多年训练的各年度、各时期的训练中,要使游泳运动员的力量素质逐渐得到提高,保持不间断性与周期性的训练是非常重要且必要的。

（三）一般力量与专项力量训练结合原理

一般力量训练,就是要保证游泳运动员各器官系统机能得到全方位的发展,这是基础性的。专项力量训练,则是指用专项性力量训练和比赛性力量训练的方式来达到提高游泳运动员专项水平所需要的各器官系统的机能,这属于发展性和提高性的。

游泳运动本身就是一项全身性的运动项目,对运动员力量素质的全面性和发展性都有非常高的要求,因此,就需要在一般力量素质的基础上提高专项运动力量素质。因此,将一般力量训练和专项力量训练结合起来就显得尤为重要。在游泳运动力量素质训练过程中,要以游泳运动的专项特点为依据,结合运动员的训练水平和不同训练时期、阶段的任务,对这两者的训练比重进行合理安排。

二、力量素质训练的方法

（一）力量素质训练方法概述

通常情况下,力量素质训练方法可以大致分为三种类型,即静力性力量训练方法、动力性力量训练方法以及电刺激方法。其中,动力性力量训练方法又可以进一步细分为多种训练方法(图3-1)。

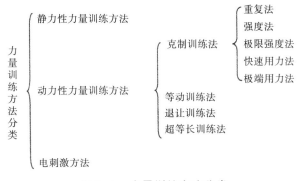

图3-1　力量训练方法分类

随着现代训练理论的不断发展,动力性力量训练已成为竞技运动中发展运动员力量最主要和最基本的形式。通常情况下,可以将力量素质训练的具体方法分为三种类型,即最大力量、速度力量和力量耐力的训练方法。而这三种力量类型的训练方法又可以进一步细分,具体如图3-2所示。

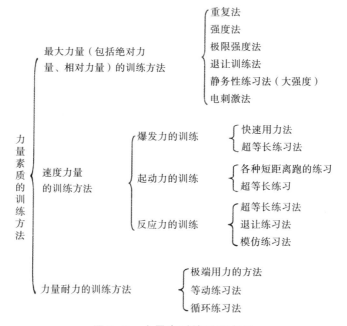

图 3-2　力量素质的训练方法

（二）最大力量训练

最大力量与其他力量的关系如图3-3所示。

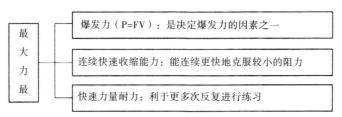

图 3-3　最大力量与其他力量的关系

要想发展和提升最大力量,通常可以通过两种方式来实现。

（1）提高神经支配能力。具体来说,就是使用85%以上的负荷强度,极限用力,募集尽可能多的肌纤维参加工作。注意组间间歇相对充分,速度适中。各类力量练习理想的负荷形式可参照表3-2[①]。

表 3-2　发展不同类型力量的负荷安排（动力性）

目的	强度 /%	组数 / 组	每组重复次数 / 次	动作速度	每组间歇 / 分钟
最大力量	≥ 85	6 ~ 10	1 ~ 5	快—适中	2 ~ 5
快速力量	70~85	6 ~ 8	3 ~ 6	极快	充分
肌肉体积	60~70	4 ~ 8	≥ 8	适中—慢	1 ~ 1.5
力量耐力	<60	2 ~ 4	≥ 12	适中	≤ 1

（2）增加肌肉横断面。具体来说,就是使用 60% ~ 85% 的负重,次数较多,接近力竭但留有余地,可以动员尽可能多的肌纤维参加收缩。次数多于 6 次,一般在 8 ~ 12 次。特别是后面几次和后面几组练习要尽力坚持。

发展最大力量训练的主要方法有重复法、强度法、极限强度法、极端用力法、离心(退让)练习法、静力练习法和电刺激法等。下面就对其中几种加以分析和阐述。

1. 重复训练法

重复法,通常会以 75% ~ 90% 的强度进行训练,每组重复 3 ~ 6 次,每组间歇 3 分钟,负重量的大小应随肌肉力量的增加而逐渐加大。这种训练方法主要通过工作肌群的增长来达到有效提高肌肉力量的效果。

2. 强度训练法

强度训练法,就是以大的、亚极限和极限重量(即 85% ~ 100% 的强度)进行优势工作,训练时逐渐达到用力极限,以后继续用对体力来说是强的、中上的和中等强度的负荷量,直到对这种刺激产生劣性或接近劣性反应时为止。

（1）金字塔负荷模型(图 3-4):训练负荷依次为 85%×6—90%×(3 ~ 4)—95%×(2 ~ 3)—100%×1。训练的次数和组数可以适当调整。

---

① 赵琦.体能训练理论与方法 [M].南京：东南大学出版社,2017.

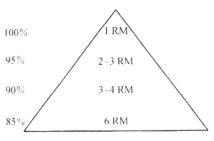

图 3-4　金字塔负荷模型

（2）双金字塔负荷模型(图 3-5)：训练负荷依次为 80％×4—85％×3—90％×2—95％×1—95％×1—90％×2—85％×3—80％×4。训练的次数和组数可以适当调整。

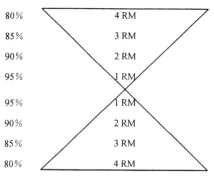

图 3-5　双金字塔负荷模型

3. 电刺激法

电刺激是一种可以引起肌肉产生收缩的技术。它使大脑发出的中枢神经冲动被一种迫使肌肉收缩的电刺激所取代。近年来,人们对用电刺激法发展肌肉力量的关注程度不断提高。电刺激法有直接刺激法和间接刺激法两种形式,具体要根据实际需要选用。

4. 退让训练法

退让练习法又叫离心收缩法。它是在收缩的同时或收缩后被更大的外力拉长,肌肉的起止点被彼此分离。负重力量训练一般都包含有退让性用力。退让性练习的强度一般以 120％ ~ 190％ 为宜。比如,深蹲、卧推:负荷110％ ~ 150％,加助力推起,加保护缓慢放下。退让性练习能比动力性练习对抗更大阻力,能用超出克制性收缩的强度进行练习。因而能给予神经肌肉系统非常强大的刺激,取得提高力量的效果。

5. 静力性训练法

静力性力量训练是肌肉在紧张用力时其长度不发生变化的力量训练。静力性训练时肌肉长度基本不变,肌肉收缩所产生的能量基本上表现为肌肉张力增大,这是其能够有效发展肌肉力量的重要原因所在。静力性力量训练一般采用较大重量的负荷以递增重量的方法进行练习。如仰卧直臂下压、仰卧凳上、两手持哑铃(适当重量)、快速直臂下压(头上)、慢速直臂上摆。静力性训练要求同上。通常情况下,会将静力性训练与动力性训练结合起来运用。

(三)速度力量训练

要发展速度力量,可以采用的具体训练方法主要有以下几种。

1. 组合训练方法

不管是什么样的训练方法,单一的训练方法的效果总是有限的,安排组合训练,则能够对最大力量向爆发力的转化起到促进作用。在大力量训练后,紧接安排快速跳跃、起动和专项动作练习,充分利用力量练习后激活效应,能使力量训练的专项化效果得到强化。

一般来说,通过组合训练的方法来进行训练的具体手段有以下几种。

(1)杠铃半蹲起 + 徒手半蹲跳。半蹲起要求上下转换要快,放下杠铃后紧接进行爆发式蹲跳训练。蹲跳时可以借助上拉动作减轻阻力,这样,在发展爆发力的效果方面更加显著。

(2)杠铃提踵 + 徒手直膝跳。训练时其他关节(膝)尽量保持固定,以脚腕活动为主,有效提高踝关节爆发力。直膝跳时,跳过前后左右的标志物(较低),也可以通过单腿跳的形式来强化训练效果。

(3)卧推 + 推实心球。实心球可以对墙推,也可以在队友的帮助下采取仰卧姿势向上推,从而使上肢爆发力得到发展和提升。有一点要注意,实心球不宜过重,接球、缓冲、上推要衔接迅速,加上超等长训练因素。

(4)力量 + 超等长 + 协调性 + 投掷。在每组的力量训练后,做超等长的弹性力量训练,再做简单的协调性训练,最后做专项投掷训练。

2. 反应力量训练

反应力量训练也叫弹性力量训练、超等长训练或快速伸缩复合训练,被公认为是效果突出的爆发力训练手段。在采用这一训练方法来发展爆发力时,一定要注意训练负荷安排的合理性,否则,就会降低训练效果,甚至起反作用。

反应力量训练的具体手段有以下几种。

(1)连续跳栏架或跳箱练习。距离适当,高度适中,以能快速连贯地起跳为宜。前后左右方向可以变化,高低搭配,单腿练习或适当负重可以增加难度,使训练效果得以强化。

(2)俯卧撑击掌。属于上肢的反应力练习,练习时迅速推起在胸前完成1~2次击掌。可以适当负重,或垫高腿部支撑,或者借助协调绳进行横向移动,增加难度,强化训练效果。

(3)推、抛实心球或能量球。可仰卧上推(在同伴帮助下),也可以两人对推。只要进行动作设计,连续各种方向的抛实心球都可以进行反应力练习。注意训练的重量要适宜,动作衔接迅速,没有停顿。

3. 弹震式训练

弹震式训练对于爆发力的训练和提升有着非常显著的效果。常见的弹震式训练方式有很多,如在卧推中把杠铃推出去、负重杠铃(较轻)跳起。

研究发现,相较于单纯的传统抗阻训练和反应力量训练,弹震式训练的效果更加显著。这是因为弹震式训练由抗阻+反应力训练两种方式组成,它将两者的优点综合起来,通过调整重量,保持动作连贯,来保证力量训练的整体效果。传统卧推与弹震式卧推杠铃速度可以进行直观的比对(图3-6)。

(1)壶铃跳。两脚适当分开,双手持壶铃,下蹲紧接跳起,连续动作。或站在两个高度、宽度适宜的跳凳上。训练时要注意壶铃不着地。

(2)负重单足跳越标志物。负沙袋连续单足跳,跨越标志物6~8个,距离适宜,高度为30~50厘米。本训练开始之前一定要做好充分的热身运动,以适应高强度训练,避免动作变形。

(3)使用末端释放器进行练习,单、双侧都可以进行练习。

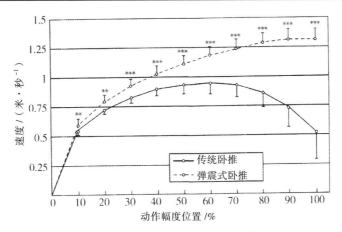

图 3-6　传统卧推与弹震式卧推训练效果对比

（四）力量耐力训练

力量耐力水平的高低,会在很大程度上影响着许多项目。游泳项目中运动员的表现与力量耐力的水平之间是有着直接的相关性的。

力量耐力练习采用的手段和其他力量练习没有太大区别,主要体现在负荷强度相对较小,练习次数多甚至达到力竭,负荷的选择可以参照表 3-3。根据肌肉物质交换的关系,如要发展一般力量耐力,可采用极限用力的极端用力训练法、等动训练法、循环训练法和负荷强度较低的静力性训练法。下面就其中的几种加以介绍。

表 3-3　力量训练负荷的估算

％1RM/千克	重复次数	％1RM/千克	重复次数
100	1	80	8
95	2	77	9
93	3	75	10
90	4	70	11
87	5	67	12
85	6	65	15
83	7		

1. 等动训练法

等动训练法,就是利用一种专门器械(等动练习器)进行力量训练的方法。通常情况下,器械所产生的阻力总是和用力大小有密切关系的,具体来说,拉动尼龙绳时的力量越大,器械所产生的阻力也就越大。

2. 极端用力法

极端用力法,就是在训练时做极限数量的重复,即每组试举允许重复 10 ~ 12 次这一最大值,直到完全不能做为止。运动实践证明,极端用力法在有效发展运动员力量耐力素质的同时,还能使运动员的最大力量,以及意志和心理稳定性都得到有效培养和提升。

有一点要强调,不管采用什么样的训练方法,都要保证力量耐力训练的间歇时间。研究证实,间歇相对充分,使肌肉在较好的状态下进行力量耐力训练,由于动作效率高,往往会取得更好的效果,特别是对次最大、高强度力量耐力有更高要求的项目。

(1)高强度极端用力法:大于 75% 强度,3 ~ 5 组,每组 8 ~ 12 次,间歇 2 ~ 3 分钟。

(2)低强度极端用力法:30% ~ 50% 强度,2 ~ 3 组,每组多于 12 次,尽力,间歇 1 ~ 2 分钟。

(3)循环训练法:以站点的方式,按先后顺序进行上肢、腰背、下肢等不同部位练习,安排内容应以 8 ~ 10 个站为宜,可以适当减少站点,练习 2 ~ 3 组即可。

第三节 一般性力量训练

一、负重训练法

(一)杠铃训练

杠铃训练是主要针对游泳专项工作肌群力量的发展而采取的训练方法。游泳力量训练常采用的杠铃训练手段有很多,比如,常见的有提铃下蹲、卧推、俯卧提铃、屈前臂、头上屈伸前臂、手腕屈伸、体后提铃、负重下蹲等。

不管采用哪些训练手段,首要确定适宜的训练负荷。

下面就一些常用的杠铃训练手段加以介绍。

1. 卧推

仰卧在卧推架上,双手握住杠铃,比肩略宽,呼气时将杠铃举起,吸气时屈臂缓慢落下(图3-7)。

图3-7　卧推

通过这一训练手段,可使游泳运动员胸部的肌肉力量增强,具体针对的是胸大肌和肱三头肌。

2. 头上推举

两脚自然站立,约与肩同宽。双手握住哑铃,屈肘将哑铃置于肩上,两手正握杠铃,提铃至胸,将哑铃快速推举至头上方,慢慢还原。

通过这一训练手段,可使游泳运动员的三角肌、斜方肌、肱三头肌和前锯肌等肌群的力量素质得到提升。

3. 屈体提杠铃

两脚开立与肩同宽,上体前屈与地面平行,两膝稍屈,背部放松。掌心向内,与肩同宽,两臂下垂伸直持铃。两臂横杠贴身提起,接触上腹部,然后慢慢放下还原,多做几次(图3-8)。

图3-8　屈体提杠铃

通过这一训练手段,可使运动员的背部力量得到锻炼,尤其使背阔肌、肱二头肌和伸前臂肌的力量得以加强。

4. 站姿弯举

直立,两手臂伸直自然下垂,手握杠铃,掌心向前。以肘为轴,两臂经体侧弯起带杠铃,上、前臂用力收紧,稍停 2 ~ 3 秒,持铃缓慢还原至体侧,重复练习。

通过这一训练手段,可使运动员的臂部力量得到锻炼,尤其是肱二头肌的力量得到显著增强。

5. 卧举杠铃

仰卧于长凳上,双手握住杠铃,比肩略窄,肘关节弯曲成直角。肘部不动,手臂缓慢上举,扩胸,手臂往回拉,做这一动作时,中间不能有停顿(图 3-9)。

图 3-9 卧举杠铃

通过这一训练手段,可使肱三头肌得到锻炼,由此,能起到有效提升臂部力量素质的作用。

6. 窄握卧推

俯卧在长凳上,两脚平踏在地上,两手握住横杠中间,间距 10 ~ 15 厘米,两臂伸直持铃支撑在两肩上方。两臂慢慢弯屈落下至横杠触及胸部。然后向上推起至开始位置。

通过这一训练手段,可对运动员胸大肌的内侧部位、三角肌前束和肱三头肌力量进行训练和增强。

7. 立举杠铃

手掌向上,握住杠铃,肘关节弯曲成直角,两腿分开,与肩同宽。肘部靠在体侧,屈臂,肘部与上体不动,只借助手臂的力量举起杠铃(图3-10)。

图 3-10　立举杠铃

通过这一训练手段,可使肱二头肌得到锻炼,这对于游泳运动员的臂部力量提升是有帮助的。

8. 深蹲

双脚分开站立,双手握住杠铃,并将其置于颈后肩上,保持杠铃重心两边平衡。两脚分开间距一般与肩同宽。两眼目视前方。两膝慢慢弯曲,至下蹲全蹲止。躯干挺直,背部保持平直。当大腿起立超过水平位置时,即慢慢伸直至回原位置(图 3-11)。

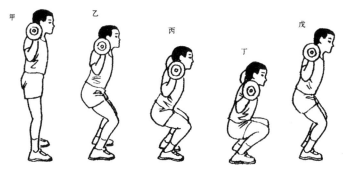

图 3-11　深蹲

通过这一训练手段,可使运动员大腿肌群、臀大肌和下背肌群,以及小腿都得到锻炼,力量素质也有所提升。

(二)哑铃训练

哑铃训练是一种效果非常好的发展小肌群力量的训练方法。

哑铃训练负荷也要保证适宜,具体要以个人力量水平为依据来选择相应的哑铃重量,一般以每次练习不少于 8 次,每次 3 ~ 6 组为宜。

1. 头上推举

自然站立,双脚与肩同宽。两手正握杠铃,握距同肩宽,提铃至胸,将哑铃快速推举至头上方,然后逐渐恢复至原位。

通过这一训练手段,可使游泳运动员的三角肌、斜方肌、肱三头肌和前锯肌等肌群的力量素质得到锻炼和加强。

2. 箭步蹲

立正,哑铃置于体侧。跨出一步成弓箭步,并下压。

通过这一训练方法,使运动员大腿肌群的力量得到发展和提升。

(三)徒手力量训练

徒手力量训练的具体训练手段有很多,具体要根据实际需要来加以选用。比如,要想发展上肢力量,可以选择引体向上、俯卧撑等;要想发现下肢力量,则各种跳跃、跑等是理想的训练手段;仰卧起坐、悬垂举腿、背屈等在腰腹肌力量的锻炼和发展方面效果显著。

1. 仰卧举腿

仰卧于垫上,两腿伸直且两脚并拢,双手置于头后,慢速上举,腿与上体折叠,使脚尖举至头后,然后慢速还原成预备姿势。也可在踝关节处负重训练。

通过这一训练手段,可使游泳运动员的腹直肌、腹外斜肌和骶棘肌的力量素质得到锻炼和提升。

2. 俯卧撑

俯撑在地面或支架上,两手间距比肩膀稍宽,两臂伸直,两腿并拢。屈臂下降至全屈臂。

二、联合力量训练器训练法

联合力量训练器训练法,就是通过联合力量器各种力量训练功能的利用,来达到有效训练和提升与游泳专项特点相符的力量素质,从而使游泳运动员的力量素质得到全面锻炼和提升。

(1)单一动作训练。能有选择、有针对性地提高某局部力量水平。

(2)成套动作训练。有机组合和编排不同功能、不同身体部位力量训练,按其顺序重复训练,从而取得理想的训练效果。

三、实心球训练法

（1）"V"上式传球。两人对立坐于垫子上，两人相距 1 ~ 3 米，双腿翘起，呈"V"字姿势，利用两手的反作用力，将球传给对方。可以采用双手胸前接球的方式，接球后要迅速传回（图 3-12[①]）。通过这一训练手段，可使游泳运动员的臂部和腹部肌肉力量和平衡性得到锻炼和提升。

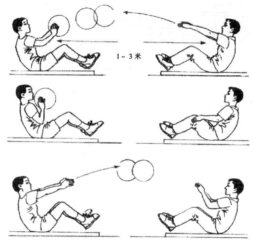

图 3-12　"V"上式传球

（2）"V"上式顶上传球。两人对立坐于垫上，相距 2 ~ 3 米，两腿翘起，呈"V"字姿势，保持姿势；两手持球，放于头后；双手用力，讲求从头的后上方投向对方的头上，对方在头上用双手接球；接球后，利用其反作用力，迅速将球投回对方手中（图 3-13）。通过这一训练手段，能使游泳运动员的臂部、肩部以及腹部的肌肉力量和平衡性得到发展。

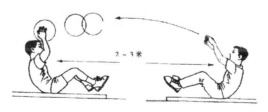

图 3-13　"V"上式顶上传球

---

① 　全国体育院校教材委员会．游泳运动 [M]．北京：人民体育出版社，2013.

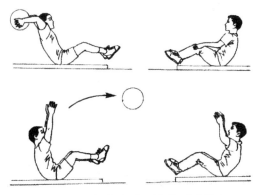

图 3-13 "V"上式顶上传球（续）

（3）仰卧起坐式传球。两人对立坐于垫上，相距 2 ~ 3 米，双腿屈起，保持姿势；两手持球，放于胸前，上体仰卧，运用腹部肌肉，抬起上体，将球投向对方；对方也立起双膝，在脸前接球。接球后，也以仰卧状的姿势，再将球投回给对方（图 3-14）。通过这一训练手段，能使游泳运动员的臂部与腹部肌肉力量得到锻炼和提高。

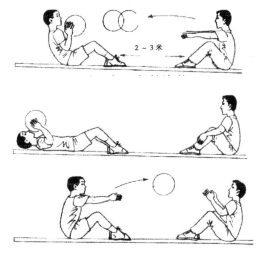

图 3-14 仰卧起坐式传球

（4）仰卧起坐式顶上传球。两人对立坐于垫上，相距 2 ~ 3 米，两脚稍分开，两膝立起，保持这种姿势；仰面朝天，两手持球，放在头上。运用腹部肌肉，使上身坐起，两手用力，将球从头的后上方向对方头上投去，接球后成仰卧状，将球投回给对方（图 3-15）。通过这一训练手段，能使游泳运动员的臂部、肩部以及腹部的肌肉力量得到发展和提升。

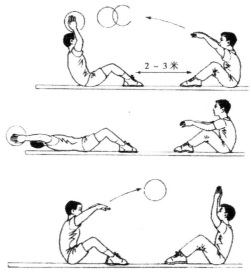

图 3-15　仰卧起坐式顶上传球

（5）跪式传球。两人相距 3 ～ 5 米,对立,双膝跪立于垫上,上身立起,互相面对,双膝外展,与肩同宽；双手持球,放于胸前,腰向后坐,双手用力,将球传到对方胸前；肘、上身、腰成缓冲姿势,接球时腰稍下坠。接球后利用反作用力将球传回给对方(图 3-16)。通过这一训练手段,能使游泳运动员的臂部和腰部肌肉力量得到锻炼和提高。

图 3-16　跪式传球

（6）仰卧两头起式传球。两人面对面,呈俯卧姿势,上身与两腿向上翘起,保持姿势;双手持球,向对方的脸部传球。双手向头的前上方伸出,接住来球,接球后立即传回。注意传球要迅速且有节奏(图3-17)。通过这一训练手段,能使游泳运动员的臂部、腿部和背部的肌肉力量得到提升。

图 3-17 仰卧两头起式传球

（7）腿推球。一人躺在地板上,双腿上举,用手臂支撑住身体,保持平衡状态;然后同伴将球对准躺在地上的人的脚掌,并掷出,躺地上的人接球,注意接球时膝部形成缓冲,用脚掌接住,利用膝部的反作用力将球踢回,按时进行。熟悉后加大掷球的力度(图3-18)。通过这一训练手段,能使游泳运动员蛙泳大腿的腿部动作力量得到加强。

（8）上踢。一人躺地面上,两腿上举;让同伴将球扔到自己的脚踝处,膝部稍屈,两脚抱住球;两球夹住球后,向上踢还给同伴(图3-19)。通过这一训练手段,能使游泳运动员打腿的腿部与脚踝的动作力量得到加强。

图 3-18　腿推球

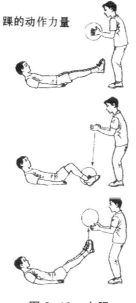

图 3-19　上踢

第四节　游泳运动专项力量训练

一、游泳运动爆发力训练

研究发现,游泳运动员的上肢爆发力,对于短距离游泳成绩起到决定性影响。其与短冲速度有着非常高的相关性。

训练和提升游泳运动员的爆发力,对于其有效完成出发和转身的蹬边动作,完成突然加速动作都是有帮助的。一般的,会采用中等重量、极限速度的一次性训练动作以及采用中等阻力、一次性极限速度的高速等动训练来训练和发展游泳运动员臂部的爆发力。由于游泳运动员肌肉的紧张程度和意志的承受能力是有限的,因此,在确定训练强度时,一定要保证每组训练次数不超过 10 次,频率可根据自身情况而定。

游泳运动员腿部爆发力的训练与发展,采用的通常是冲击法。通过训练,能够将游泳运动员肌肉中大量的快运动单位调动起来参与工作。

二、游泳运动速度力量训练

发展速度力量的主要训练要素是极限负荷和大负荷(相当极限能力的 70% ~ 90% 力量)下的极限动作频率。速度力量训练主要为无氧非乳酸供能,每次训练的持续时间不应超过 20 秒,每组训练重复次数 10 ~ 16 次,间歇 40 ~ 90 秒。通常,进行大数量的重复训练,对于激活 ATP 糖酵解的再合成是非常有帮助的。然而,在运动实践中,训练总数在 50 ~ 70 次、每次持续 10 ~ 20 秒、间歇 30 ~ 60 秒的训练强度是较为常见的。

（一）陆上训练法

在游泳运动速度力量的陆上训练中,可采用的训练方法有很多种,其中,杠铃训练、滑轮拉力、橡皮拉力、杠杆和等动拉力训练是较为常见的。在等动力量训练时,肌肉在整个动作过程中保持着最大紧张度,与游泳过程中运动员的划水负荷形式十分接近。

（二）"轻便"导游训练法

"轻便"导游训练法，实际上就是采用牵引装置的"触导"力量训练法。某种意义上，这种训练方法就是牵引游的游速较比赛游速快10%～30%，并且与最大强度不牵引游相比，这种方法的主要特点是游泳运动员训练的频率更快、力量更大。进行这种训练的距离为25～50米，重复次数10次以内，间歇2～4分钟。牵引游可与极限频率的非牵引游交替进行。

游泳运动速度力量型训练的开展，对于快肌纤维增粗，力量增加都是有帮助的，但是其训练效果相较于极限力量重复训练的效果来说，是要差一点的。在肌肉收缩强度增大的条件下，提高磷酸肌酸的反应速度和ATP的再合成速度对于游泳速度的增加是有帮助的。

三、游泳运动力量耐力训练

游泳运动力量耐力的训练与发展，必须在糖酵解供能以及有氧无氧供能机制下进行。发展力量耐力训练采用的方式有很多种，比如，间歇训练法、重复训练法、循环训练法和比赛训练法等，也可采用游距在100～400米的触导式力量训练。

（一）分站式循环训练法

分站式循环训练法，就是以游泳运动力量百里训练的具体任务为依据，将训练手段设置为若干训练站，运动员按照既定顺序和路线，依次完成每站的训练方法。这种训练方法主要用于陆上训练。

一般的，分站式循环训练法采用的为综合性训练方式，其中包含了各种徒手和器械训练，每个动作做30秒，间歇15秒，心率保持在150～160次/分钟。[①]

通过分站式循环训练法的运用，能使不同层次水平的游泳运动员的训练情绪和积极性都得到有效提升；能使运动训练过程的训练密度在保证合理的情况下逐渐增大；以具体情况为依据，遵循因人而异的原

---

① 潘峰.功能性体能训练理论分析与科学方法研究[M].北京：中国水利水电出版社，2017.

则,来对训练进行适当调整,做到区别对待;一定要注意局部负担过重的情况,避免其发生,从而有效延缓疲劳产生;对于身体训练效果的全面性有帮助。通常,这一训练方法主要适用于训练的初期或训练的准备期。

（二）等动力量训练法

等动力量训练法,从实质上来说,就是肌肉在整个运动期间和在运动过程中都承受极限负荷,并保持恒速或后程加速。这种方法也适用于陆上训练。

游泳运动员力量耐力训练的专项适应效果如何,受到多种因素的影响和制约,其中,训练重量、动作频率、训练的持续时间和间歇时间都是起到决定性影响的要素。

通常,可以采用极限力量50% ~ 60%的重量和极限力量60% ~ 90%的频率进行训练,这样能使肌群增粗和力量增大的效果最为显著。这种训练方法重复次数较多,每组训练持续时间较长(1.5 ~ 3分钟),因此,在游泳力量耐力的增长方面有着非常理想的效果。

（三）触导力量训练法

触导力量训练法,是发展游泳运动员水上专项力量耐力的重要方法,具体来说,就是使用专门的力量引导器械(水中牵引)的训练方法。

一般的,这种方法可在赛前3 ~ 5周进行,每周可训练1 ~ 2次。在赛前的5 ~ 8天做最后一次主项比赛的模拟游。这种训练方法适用于水中训练。

四、游泳运动水上专项力量训练

游泳运动的水上专项力量,能够对游泳推进力(牵引力)产生直接影响。

水上专项力量训练,就是游泳运动员在游进过程或做具体的游泳动作中,克服人为增加的阻力的训练方法。

（一）游泳运动水上专项力量训练的优越性

（1）在游泳运动具体的专项技术动作(主要指产生推进力的手、腿动作)训练中,直接(划水掌)或间接地(阻力衣)施加阻力负荷,所获力量训练效果,能有效增大牵引力。

(2)在游泳专项运动中(完整配合或分解动作)。力量素质的发展对于改善专项肌肉力量的供能系统,提高供能速率是有帮助的。

(3)增加动作负荷,技术动作得以强化,对于技术水平的提高是有利的。

(二)游泳运动水上专项力量训练方法

1. 增大推进力训练

增大推进力训练是指主要通过增大划臂或打腿动作的对水面,使阻力增大,提高划水力量。常见的训练手段有划水掌、脚蹼等。

带划水掌游训练:划水时手掌可以保持最有效的姿势,做出最有效的划水动作,可改进划水技术,发展专项力量,注意划水动作的爆发力。

2. 增大阻力训练

增大阻力训练是主要通过增加游进阻力,或改变体位使划水和打腿负荷增大,达到力量训练的效果。常见的训练手段有穿阻力衣、牵拉游、夹板划臂、垂直打腿等。

(1)带阻力器游训练。

带阻力器游训练是固定在运动员身上的阻力器、阻力腰带、阻力衣(裤)等,这类训练不会对游泳运动员的基本动作造成破坏,方法简单,对划水动作的爆发力的提高效果较为理想。

(2)橡皮拉力牵引游训练。

橡皮拉力牵引游训练是将橡皮拉力的一端固定住,另一端固定在运动员身上,游泳运动员通过克服被橡皮拉力牵制所产生的阻力向前游进,来达到训练和提升力量素质的目的。

3. 增加练习难度练习

水上力量训练要针对游泳比赛活动各环节力量的特点发展力量素质,如出发时蹬台起跳、转身时蹬壁等下肢的爆发力,以及转身技术的动作速度等。

水槽训练:让游泳运动员在训练水槽中以极限游速,并在固定位置进行训练,以目视或声控系统监控训练。运动员凭借获得用力大小的信息及时调整游速。在固定位置游训练对于符合最佳游速的动作节奏的形成是有帮助的。

五、游泳运动陆上专项力量训练

在安排游泳运动陆上专项力量训练时,一定要对强度与水上强度的协调加以重视,换言之,陆上负荷较大的时候,水上的负荷相应可以减小一些,这样运动员的整体负荷才能得以平衡。

(一)游泳运动陆上专项力量训练方法

1. 最大力量拉力训练

最大力量拉力训练中,最大力量拉力负荷的确定是需要重点关注的方面,通常,优秀运动员能拉自己体重的15%~20%,男子在18千克左右,女子则在13千克左右。[1] 这种最大力量拉力训练,能使运动员的肌肉力量和肌肉力量耐力得到锻炼和提升,对于游泳运动员100米和200米的运动成绩是有帮助的。

2. 力量耐力拉力训练

力量耐力拉力训练,以动作次数多或持续时间作为评价指标,负荷量控制在4~8千克,一般,每次拉100~300次或持续拉5~20分钟较为适宜。长时间多次的拉力训练一定要保证动作的正确规范,动作幅度适宜,动作放松。

(二)游泳运动陆上专项力量训练的注意事项

1. 作用方向要保持一致

采用陆上力量训练器进行专项力量训练时,一定要将水上训练的特点充分考虑到。一定要保证水上和陆上训练的负荷方向一致,这样才能保证训练的合理性。可采用的训练手段主要为橡皮拉力、滑轮拉力和等动拉力。这三种训练器特点各异。相对来说,等动拉力充分考虑到水上阻力的性质(划手速度越快,阻力越大),因此更适合专项。在训练的安

---

① 陈岩. 游泳运动学与练 [M]. 北京: 人民体育出版社, 2011.

排上,进行力量训练器的训练时,应做力量或速度力量训练。

2. 训练时间不要相差太多

要保证训练时间上不要相差太多,主要路径为安排陆上和水上力量训练尽可能同时进行。在一个训练计划中把陆上和水上力量结合起来安排,陆上训练的持续时间应与水上比赛所需时间相同,这样对陆上与水上训练的结合是非常有利的。

第五节　游泳运动核心力量训练

一、游泳运动核心力量概述

相较于传统的腰腹力量训练,核心力量训练所涉及的身体部位和肌肉更多,包含了整个躯干和骨盆部位的肌肉,还有那些位于深层的小肌肉群的训练。可以说,核心力量训练对基础条件的要求较高,即其要在稳定的条件下才能进行训练,如此能使游泳运动员在专项运动过程中稳定关节和控制重心的能力得到发展和提升。

（一）游泳运动核心力量的特点

游泳运动员在做动作的实际过程中,所用到的力量素质并不全部都是核心部分力量,这只是运动员身体稳定运动的一部分,但由于是在一个流动环境里进行运动,所以,身体产生力量的唯一部分就来自核心部分,因此核心部位力量控制力非常重要。

强大的核心部位力量控制力,能够使游泳运动员在水中的身体保持良好身体姿势,阻力会有所减少,技术发挥的有效性更加显著,同时,还能对运动员的伤病侵袭产生一定的保护作用。

（二）游泳运动核心力量的类型划分

游泳运动的类型有两种,即自由泳和仰泳、蛙泳和蝶泳。这两类泳式对游泳核心部位力量训练有着不同的侧重点。

1. 自由泳和仰泳

这种类型的游泳核心力量主要相对静止、保持内敛和流线型,身体基本姿态要做到平、直、紧、尖,所采用的静力性训练方法主要为核心力量训练。

2. 蛙泳和蝶泳

核心部位通常是具有显著特点的,比如,波浪起伏,双手、双腿同时发力,在用力方面,主要为动力性的核心部位的发力,核心力量训练应以动力性核心力量训练为主。

二、游泳核心力量的训练方法

（一）静力核心力量训练

1. 身体直线控制训练

俯卧于地毯上,用肘支撑身体离开地面,前臂贴在地板上,与上臂呈90°,身体呈一直线,腿拉伸,背要直,绷紧腰腹,保持 30 ～ 60 秒。

2. 侧身直线控制训练

方法基本同上,用一侧前臂支撑身体,身侧朝向地板,另一侧手臂伸直向上。

（二）动力性核心力量训练

1. 一般性腰腹训练

一般性腰腹训练常用到的具体训练方法有仰卧起坐、两头起、仰卧举腿、仰卧剪式打腿、悬垂举腿、"V"形收腹呈 45°,手腿呈倒"V"字形、各种背肌练习等。具体要根据实际情况加以选用。

2. 采用轻器材的腰腹训练

手持药球、实心球和哑铃做腰腹训练是经常用到的腰腹训练方法,比如,实心球举过头、实心球胸前传球、坐式侧身传球、站立侧身传球等。

第六节　游泳运动力量素质训练注意要点

一、做好充分的准备活动

在游泳力量素质训练之前,一定要做好充分的准备活动,从而避免运动损伤的产生。另外,游泳运动员的力量素质与其他素质之间是有着密切联系的,这就要将力量素质训练与其他素质,尤其是柔韧素质训练结合起来进行,从而保证训练效果。

二、选择合适的训练手段

在游泳力量素质训练过程中,不同的训练手段所产生的作用和效应都是不同的,因此,要根据实际情况和需求来选择合适的训练手段。

一般来说,那些有利于改善肌肉正确的发力方式是较为理想的选择,同时,还要注意有恰当的要求,如下蹲、蹲跳练习,能有效锻炼游泳运动员的整个下肢。要针对某个薄弱环节进行训练,如提高小腿肌肉力量就要选择专门的手段,进行负重提踵练习,相对固定膝关节,所取得的训练效果要更理想一些。

三、明确适宜的训练负荷

在确定下来游泳运动力量训练的手段之后,还要将训练负荷确定下来,因为这是对训练效果产生直接影响的重要因素。训练负荷太大或者太小都不合适,因为,负荷过大易造成动作变形,甚至伤害和疲劳;过小则刺激不够,训练效果不理想。

通常,所选择的训练负荷不同,对快肌、慢肌产生的刺激效果也会有所差别。因此,要对不同的训练阶段、时期进行充分考虑,并且与游泳运动员的自身特点和项目特点相结合,来将训练量、强度、间歇之间的关系处理好。

四、与其他素质训练组合起来

研究发现,不管是什么样的训练手段,其训练的效果都是有限的,要达到理想的训练效果,需要将各种不同的训练手段组合起来加以应用。组合训练对于力量转化有着积极的促进作用。通常,主要的组合有力量与技术练习、力量与专项练习、力量与速度、力量与跳跃、大负荷与小负荷、慢速—中速—快速组合等。需要强调的是,不同速度的力量组合练习方式一定要加以重视。

另外,游泳运动员在发展和提升力量素质时,一定要保证肌肉体积不增加(除 50 米运动员),这是一个重要的前提。

五、合理安排训练顺序

对于游泳运动力量素质训练来说,仅确定训练手段和训练负荷还远远不够,在训练的顺序上也要加以注意。通常情况下,训练负荷的顺序安排为小负荷—大负荷—小负荷;肌肉训练的顺序安排为大肌肉练习—小肌肉练习、较慢速度的练习—快速练习;提升机能方面的顺序安排为:改变肌肉结构的练习—改善肌肉内协调能力的练习;具体的训练内容顺序安排为:核心力量练习—一般性力量练习—专门性力量练习、力量性练习—速度性练习等。

另外,在不同的训练阶段,游泳运动力量素质训练的内容和相应的比重也要进行合理安排。

六、将训练负荷与恢复的关系处理好

在游泳运动力量训练之后,恢复的效果与训练负荷之间有着非常密切的关系。游泳运动力量训练的恢复,既涉及日常训练的恢复,也涉及训练周期以及比赛前期的恢复与调整等。游泳运动力量素质训练的效果,在很大程度上受到恢复充分与否的因素的影响,尤其是爆发性力量训练方面。因此,就要求在系统的游泳运动力量训练过程中,遵循负荷的逐渐递增原则,分层次安排。

七、做好力量素质训练之后的整理活动

通常,游泳运动的力量素质训练都具有高强度的特点,能够极大程度地刺激运动员的肌肉,使肌肉产生疲劳感,代谢物积累,肌丝紊乱,功能下降。游泳运动力量素质训练过程中,要将紧张与放松有机结合起来。在训练间歇,特别是力量素质训练结束后,一定要进行彻底放松,用到的放松手段主要有牵拉、泡沫轴以及心理学手段、医学—生物学手段等,与此同时,还要对训练负荷和间隔时间进行合理安排。

八、与游泳技术有机结合

为了有效提升游泳运动员的专项能力,要求在进行力量素质训练时,一定要与游泳的专项技术结合起来进行。与技术结合是促使一般力量向专项力量转化,获得专项力量的有效途径。

具体来说,游泳运动力量素质训练不仅要对发展游泳专项动作的原动大肌群加以重视,同时还要对小肌群的力量训练加以重视,力求使练习动作符合专项动作肌肉收缩的特征。

第四章 游泳速度素质训练与提高

　　游泳运动员的速度素质对其运动成绩具有决定性影响,科学进行游泳速度素质训练是提高游泳运动员运动成绩的关键。因此,在游泳体能训练中要高度重视速度素质训练,全面提升游泳运动员的一般速度素质和专项速度素质。本章主要研究游泳速度素质训练与提高,包括速度素质训练概述、一般速度与游泳专项速度训练手段以及游泳速度素质训练的注意要点。

第一节　速度素质训练概述

一、速度素质的概念与分类

　　速度素质是指人体或人体某部位快速运动的能力,也就是人体或人体某一部位快速作出运动反应、快速移动以及快速完成动作的能力。[①]速度素质包括反应速度、动作速度以及位移速度三种类型,这也是速度素质的三种表现形式,如图 4-1 所示。

二、速度素质训练的意义

　　速度素质训练具有以下几方面的作用与意义。
　　(1)使运动员的动作反应时缩短,技术动作质量得到提高。
　　(2)促进运动员力量水平与速度能力的提升,使其最大力量在快速动作中能够发挥得更好。

---

① 孙建国.体能学练方法设计与实际运用研究[M].北京:中国书籍出版社,2018.

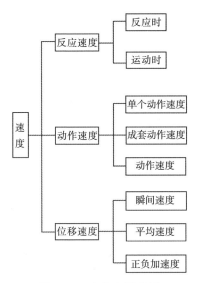

图 4-1　速度素质分类

（3）促进运动员空间定位能力及运动机能水平的提高。

（4）使运动员的肌肉输出功率增加,使其神经系统能够更好地对技术动作加以控制,提高动作效率。

（5）实现速度障碍的成功突破,使运动员的速度能力获得长远发展。

三、速度素质训练的切入点

（一）人体重心位移速度

要通过位移速度训练提高人体重心的位移速度,以下几方面是训练的主要切入点。

1. 提高对信号的快速反应能力

通过训练运动员对信号的反应速度能力,可以提高运动员动作的敏锐度。释放的信号要依运动项目而定,如短跑项目释放的信号是起跑枪声,网球项口释放的信号是回击球。

2. 提高加速能力

有的运动项目是运动员之间在速度上的对抗,或者说速度决定了双方在技术对抗上的优势,训练加速能力有助于帮助运动员更快抢占优势,更好地完成技术动作。

3. 培养达到最大速度的能力

运动员将特定技术动作尽可能快地加以完成的能力就是达到最大速度的能力,但前提是要保证技术动作准确、有效。要达到最大速度,需要人体各部分之间协调配合,也就是各部分都要尽可能快速活动,从而达到整体一致和整体快速的效果,这样才能以最快的速度完成复杂的技术动作。

4. 提高保持最大速度的能力

达到最大速度后,如果这种速度转瞬即逝,那么不利于完成后面的一系列动作,而如果可以较长时间保持最大速度,那么就会获得很大的优势。所以说,保持最大速度的能力非常重要,这与耐力的关系不大,与协调能力的关系非常密切。协调能力好的运动员不需要通过降低速度的手段来保持平衡和适应节奏,其依然可以保持最大速度。而如果运动员协调能力差,完成动作时不能保持平衡,而且也无法适应节奏的变化,那么不得不放慢速度,这必然会影响后面的发挥。

5. 提高速度耐力水平

人体最大速度的维持需要肌肉持续的高强度收缩和高质量协调,这与耐力有密切的关系。能源物质参与人体肌肉工作的效率及机体排出废物的效率直接影响速度耐力水平。

6. 突破速度障碍

速度障碍的突破需要对训练手段进行优化设计,采用最优训练手段。对于运动员已经形成的速度障碍,可采用多种训练手段来帮助突破,如助力训练法、阻力训练法、采用轻器械训练方法、模拟比赛及提高难度的训练方法等,这些都是速度训练的重要方法。另外,对突破速度障碍有积极作用的方式还有促进神经系统机能灵活性的增强、促进神经系统兴奋性及协同性的提升、培养运动感觉、提高肢体快速完成技术动作的能力等。

神经系统不灵活、运动神经元兴奋性弱及协同性差是导致速度障碍产生的主要原因。针对这些影响因素,设计速度素质训练手段时要与人体运动神经系统联系起来。例如,要提高优秀短跑运动员的比赛成绩,可重点对其技术动作的协同性进行培养,这比一味进行运动素质训练的效果更明显。

（二）身体环节动作速度

在跳跃、投掷、踢腿、打击等动作中,运动员身体环节的动作速度对其动作质量有直接的影响。改善身体环节的动作速度,可以从以下几方面切入。

1.提高相关身体素质

在动作速度训练中,除了要采用专门的动作速度训练手段,还要对影响速度的相关身体素质进行训练,这是不可缺少的辅助训练,如绝对力量训练、最大力量训练、弹性力量训练、协调性训练、灵敏性训练等。

2.提高快速完成动作的能力和专门力量

专门力量训练和提高动作速度的训练可以采用器械训练法。例如,要提高投掷运动员对器械的出手速度,可采用重量适宜的轻器械进行练习,重量太轻或太重都对训练效果不利,器械太轻不利于正常技术动作模式的形成,器械太重容易加大损伤发生的危险。器械重量应比标准器械稍轻一些。采用轻器械进行一定组数的训练后,再采用标准重量的器械进行进阶练习,混合进行不同重量的器械训练,对于专门力量的提升有好处。

3.提高快速调节平衡的能力

任何运动项目都需要运动员具备快速调节平衡的能力,这样才能将动作很好地衔接起来,使动作更连贯、优美。

4.合理选择动作速度模式

对动作速度模式的选择要以运动员的技术水平为依据,但运动员的速度水平不应当对最基本技术动作的完成产生影响。

5.完整技术协调性训练

培养与提高运动员的动作速度,要求运动员能够将运动技术准确、规范地完成,这是一个非常重要的条件。因此在速度素质训练中可将完整技术协调性训练作为一个辅助手段。这一辅助训练手段可以使运动员完成身体环节快速动作的能力得到提升,从而促进力量传递及其向速度的快速转换。

例如,掷标枪运动员提高助跑速度会增加负荷,使下肢受到更大的刺激,这时投掷环节是运动员需要高度集中注意力的地方,而不必将注意力过多放在助跑以及助跑所引起的动量转换上,注意力分配不当会影响助跑速度以及动能转化为弹性势能的效率。

6. 根据项目需要选择练习方式

在速度素质训练中,一定要根据运动项目的专项需要来设计速度训练内容,安排训练方案。

例如,在跳跃类项目的速度训练中,要重点进行助跑训练(快速助跑练习、助跑起跳练习、快速踏跳练习等),提高动能,同时也要创造新的动作模式来快速完成起跳脚扒地起跳的动作,并加快力量向速度的转换。

四、速度素质的年度训练计划安排

为了迎接重要比赛,在比赛中有优异的表现,取得理想的比赛成绩,运动员必须做好十足的准备,规划好训练周期,有序组织周期内的训练量、训练负荷以及频率,从而使自己的竞技能力达到最佳状态。在年度体能训练的安排中,要特别重视准备期和比赛期的速度素质训练,这对于运动员保持良好体能状态具有重要意义。下面主要分析速度素质年度训练周期的阶段划分。

一般将年度训练周期分为准备阶段、适应阶段和比赛阶段三个阶段,第一阶段的训练要注意负荷量的积累,从而为适应期的高强度训练打好基础,比赛期的训练主要是为了形成与保持最佳体能状态,以提高比赛成绩。

(一)准备阶段

准备阶段的速度训练主要是为了促进运动员动作效率、肢体灵活性、弹性力量以及速度耐力的提升。

训练过程中合理安排一般训练和专门训练的比例,一般训练手段主要是不同距离跑或者跑类游戏,专门训练主要是结合技术动作的练习。在专门训练中要注意训练强度的变化,在准备阶段的训练中运动员要保持身心放松和节奏稳定。当运动员技术的稳定性因其力量及动作效率提升而受到影响时,要适当降低练习强度,以适应技术水平的变化。在结合技术的专门训练中,不要过分关注如何发挥最大力量,而应在动作的完成过程上集中注意力。准备阶段还应该安排一些加速练习方式,从而为适应阶段的训练做准备。

(二)适应阶段

在适应阶段要重点对弹性力量、速度及速度耐力进行训练,要针对这些素质设计专门的训练手段。当同时有多项因素对速度素质的发展产生影响或发挥作用时,训练强度应调整为最大强度或次最大强度。

需要注意的是,在适应阶段的速度训练中不能忽视训练前的热身准备活动和训练后的整理放松活动,在热身准备活动中应结合项目特征适当安排一些灵活性练习。

(三)比赛阶段

比赛阶段要根据运动员的体能状况和竞技状态来安排训练密度,以弹性力量训练、速度训练以及恢复性训练为主,每周应安排适当比例的速度练习,训练强度以最大强度为宜,此外还要安排一些速度耐力练习,以最大强度或次最大强度为宜。

第二节　一般速度素质训练

游泳运动员的一般速度素质训练要从速度素质的三个表现形式全面展开,如图 4-2[①] 所示。

下面具体介绍三种不同类型速度素质的一般训练手段。

一、反应速度素质训练手段

(一)反应起跳

画圆圈,两人站圈外,练习者站在圈内手持竹竿向外画圆,圈外人跳起躲避竹竿,若躲避不及时被打中,则与圈内练习者互换角色继续练习

---

① 　张英波.现代体能训练方法 [M].北京:北京体育大学出版社,2006.

（图 4-3[①]）。

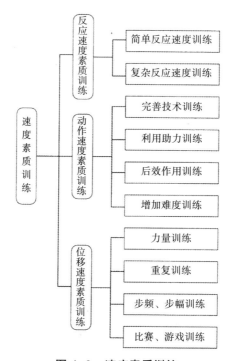

图 4-2　速度素质训练

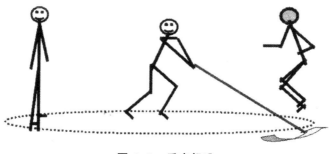

图 4-3　反应起跳

（二）压臂固定瑞士球

端坐，一手臂向同方向侧伸，手掌压瑞士球。同伴向侧面不同方向拍球（最大力量的 60% ~ 75% ），练习者手用力按压以固定球（图 4-4）。

---

① 黄鹏 . 运动体能实训指导 [M].北京：化学工业出版社，2016.

图 4-4 压臂固定瑞士球

（三）贴人游戏

练习者两两前后站立，面向圈内围成圆圈，两人在圈外沿圈跑动追逐，被追者可跑至某两人的前面，则后面的第三人立即逃跑成为被追者（图 4-5）。

图 4-5 贴人游戏

（四）追逐游戏

练习者分单数队和双数队，教练发出单数或双数口令，两队按规则分别跑和追，在 20 米内追上即获胜（图 4-6）。

双数队　　　　　　　　　　单数队

图 4-6 追逐游戏

（五）抢球游戏

圆圈上放 3 个实心球,4 名练习者绕圈慢跑,听信号抢球,实心球和练习者的数量可以根据需要调整,但要确保球总比练习者少(图 4-7)。

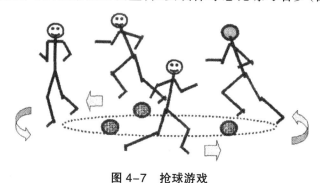

图 4-7 抢球游戏

二、动作速度素质训练手段

（一）上肢和躯干练习

1. 横向飞鸟

两脚开立,双手举杠铃片与胸齐高,手臂张开,还原,反复练习(图 4-8)。

图 4-8 横向飞鸟

2. 纵向飞鸟

双脚开立,双手持握杠铃片举过头顶,还原,反复练习(图 4-9)。

图 4-9 纵向飞鸟

3. 双杠快速臂撑起

双手抓握双杠,两臂用力支撑,身体上移,再屈臂下移,反复练习(图 4-10)。

图 4-10 双杠快速臂撑起

4. 仰卧快速伸臂

仰卧在瑞士球上,手持哑铃举起,保持片刻,然后放下(图 4-11)。直臂练习与屈臂练习交替进行。

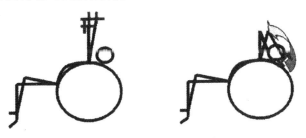

图 4-11 仰卧快速伸臂

5. 俯卧快速伸背

在球上俯卧,双手抓凳子两侧,两脚腾空。臀部发力,腿上抬至与髋、肩成一条直线,保持片刻,反复练习(图4-12)。

图4-12　仰卧快速伸背

6. 仰卧屈腿快速转腰

仰卧,双手握住横杆,屈膝收腹,髋快速向两侧转,反复练习(图4-13)。

图4-13　仰卧屈腿快速转腰

7. 仰卧双腿快速提球

仰卧,双腿在上,将脚踝绑在一起,球固定。两臂向同侧斜下方向伸展,腿发力尽可能靠近上体,还原,反复练习(图4-14)。

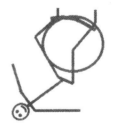

图4-14　仰卧双腿快速提球

（二）髋部和下肢练习

1. 快速内拉腿

将瑞士球放在体侧，同侧脚放在球上，将阻力滑轮绳索或胶带系在踝关节上。支撑腿膝、髋稍屈。球上的脚向身体方向移动，慢慢弯曲靠近身体，反复练习（图4-15）。

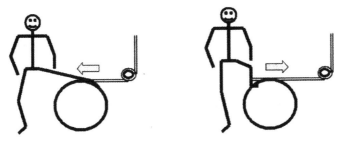

图4-15　快速内拉腿

2. 绳梯连续交叉步

两脚开立，两臂向两侧充分伸展，脚跟踮起，前脚掌撑地，向左侧或右侧快速移动身体。以向左侧移动为例，左脚先左移，右脚前交叉移到身体左侧，反复练习（图4-16）。

图4-16　绳梯连续交叉步

3. 侧卧腿绕环

侧卧在斜板上，充分伸展身体，上侧腿尽量大幅度绕环，然后换腿练习，交替进行（图4-17）。

图 4-17　仰卧腿绕环

4. 抱头旋转

屈膝弯腰,上体约平行地面,两手交叉在脑后抱头,朝同一方向快速旋转 15 秒左右,然后直走 10 米左右,重复练习(图 4-18)。

图 4-18　抱头旋转

5. 扶墙快速踝屈伸

双手扶在墙上,一脚跷起,脚尖着地,脚背贴在另一只脚后部。身体向墙慢慢靠近,双臂保持稳定以支撑身体,还原,反复进行踝关节屈伸练习,两脚交替进行(图 4-19)。

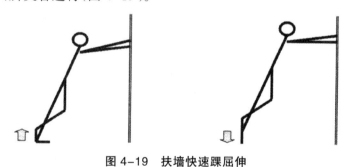

图 4-19　扶墙快速踝屈伸

6. 负重交换腿跳

将轻杠铃放在肩,双手握杠铃杆两侧。快速起跳,双腿位置相互交换,反复练习(图 4-20)。

图 4-20　负重交换腿跳

（三）全身配合练习

1. 垫上后空翻

在海绵包或垫子上双脚开立，双臂上举并充分伸展身体。下蹲后双腿迅速蹬伸，向后上方跳起后仰头，双脚离地进入 180° 后空翻。双手先支撑海绵包或垫子引导身体下落，再收腹使双脚落地（图 4-21）。

图 4-21　垫上后空翻

2. 双腿起跳背越过杆

背对海绵包和横杆，双脚开立，双臂上举并充分伸展身体。下蹲后双腿迅速蹬伸，向后上方跳起，仰头形成背弓越过横杆。过杆后收腹、团身使背部先落在海绵包上（图 4-22）。

3. 前抛实心球或铅球

面对抛掷方向，双脚分开约一肩半宽，直臂双手持实心球或铅球举过头顶。团身下摆实心球或铅球至两小腿间并接近地面。迅速蹬腿，挺身，挥臂向身体前上方抛出实心球或铅球（图 4-23）。

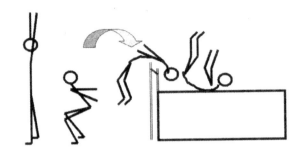

图 4-22　双腿起跳背跃过杆

图 4-23　前抛实心球

4.弓箭步快速传接实心球

两两间隔 3～4 步的距离相向而立。一人双手持实心球,一条腿屈膝、屈髋前迈并缓缓落地。前面腿的大腿与地面平行,膝关节弯曲90°,并且不超过脚尖的垂线。在脚落地前把实心球传给同伴,接球时前面的脚蹬地恢复开始姿势(图 4-24)。

图 4-24　弓箭步快速传接实心球

三、位移速度素质训练手段

（一）高抬腿伸膝走

按照短跑的方式大步走，摆动腿高抬，充分屈膝使脚与大腿靠近（图4-25）。摆动腿下落时扒地，髋部在摆动腿的带动下向前移。

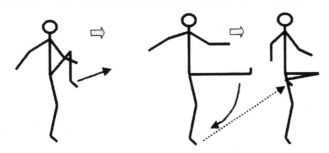

图4-25　高抬腿伸膝走

（二）踮步折叠腿大步走

按照短跑的方式充分摆臂大步走，摆动腿充分弯曲，后蹬腿要加上踮步动作（图4-26）。

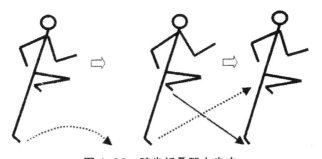

图4-26　踮步折叠腿大步走

（三）踮步高抬腿伸膝走

参考高抬腿伸膝走的训练方法，注意支撑腿要加上踮步，并尽可能抬高摆动腿的膝关节（图4-27）。伸髋、下落扒地动作都要用爆发力完成。

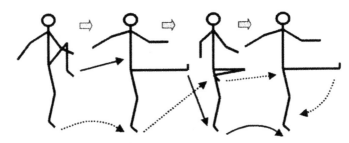

图 4-27　踮步高抬腿伸膝走

（四）踮步高抬腿伸膝走拉胶带

把胶带一端系在脚踝上，另一端固定在地面。然后参考踮步高抬腿伸膝走的训练方法进行练习（图 4-28）。

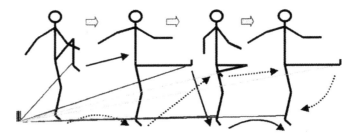

图 4-28　踮步高抬腿伸膝走拉胶带

（五）踮步折叠腿大步走拉胶带

把胶带一端系在脚踝上，另一端固定在地面。然后参考踮步折叠腿大步走的训练方法进行练习（图 4-29）。

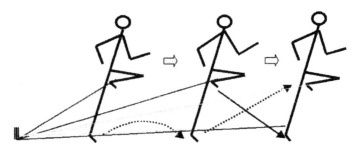

图 4-29　踮步折叠腿大步走拉胶带

（六）身体前倾起跑

双脚并立,身体向前倾,直到快要失去平衡时快速向前跑(图 4-30)。连续跑15 ~ 20米后稍停顿,然后继续练习。

图 4-30　身体前倾起跑

（七）沙滩跑

在松软沙滩上快速跑动(图 4-31)。注意利用沙子的阻力提高速度力量。

图 4-31　沙滩跑

（八）弓箭步纵跳

弓箭步准备,垂直起跳,落地还原,反复练习。双腿交替练习(图 4-32)。

（九）拖降落伞跑

绳索的一端系在腰部,另一端系在降落伞上,拖着降落伞快速跑(图 4-33)。通过克服来自降落伞的阻力快速向前跑。

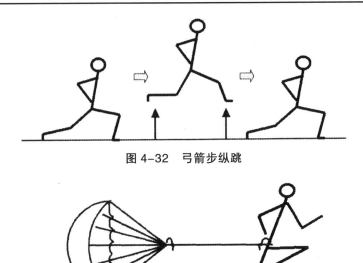

图 4-32　弓箭步纵跳

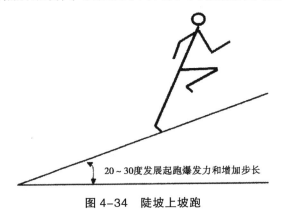

图 4-33　拖降落伞跑

（十）陡坡上坡跑

在坡度为20°～35°的上坡道上快速跑进（图4-34）。持续4～8秒后稍停顿，然后继续，争取在这个时间内每次跑的距离更长。

20~30度发展起跑爆发力和增加步长

图 4-34　陡坡上坡跑

（十一）下坡跑

在坡度为3°～7°的下坡跑道上快跑（图4-35）。注意动作节奏。

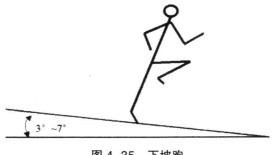

图 4-35　下坡跑

（十二）跑台阶

连续快速跑上台阶（图 4-36）。持续 4 ～ 8 秒后稍停顿，然后继续。

图 4-36　跑台阶

第三节　游泳专项速度素质训练

一、游进速度训练

（一）牵引训练

牵引训练是提高运动员游进速度的一个重要训练方法，通过牵力诱导，使运动员的动作速度得到最大化提高，从而提升游进速度，在速度感上有新的突破。采用牵引训练方法，要在牵引力和导游速度的设计上多下功夫，确保通过这项训练可以使运动员的最高速度得以充分发挥。

需要注意的是，牵引训练最多重复 10 次，练习距离以 30 ～ 40 米为宜。练习速度要比运动员的最高速度快,但也不能过快,否则会使运动员的速度感下降,产生被动游进的感觉。

(二)短冲训练

采用短冲训练方式时,供能系统主要是磷酸原供能系统,练习方式为蹬边 10 ~ 25 米,出发 15 ~ 25 米,结束一次练习后休息 1 分钟左右,再继续练习,重复 5 次左右。通过该训练可提升无氧代谢能力和游进速度。

此外,要提升游进速度还要注重对快速力量素质和动作速度的训练,通过这些相关练习来促进绝对速度的发展,主要方法有快速划臂训练、快速打腿训练、快速分解练习等。

二、动作速度训练

出发起跳动作速度、转身动作速度是游泳运动员动作速度主要体现的地方。所以在动作速度训练中要重点从这两个方面进行,这对提高运动员的游泳技能具有重要意义。

(一)出发动作速度训练

游泳运动员的反应和起跳速度决定了出发速度的快慢。因此出发动作速度训练主要是进行反应速度训练和起跳滑行训练,也可以不断练习完整的出发技术,提高速度和熟练度。游泳运动员不仅要出发快,还要产生良好的出发效果。

(二)转身动作速度训练

1. 专门转身动作训练

专门进行转身动作的连贯练习,如在与池壁相距 10 米的位置练习转身,反复进行多次练习。

2. 综合转身动作训练

进行完整的游泳动作练习,在整个游进过程中多转身几次,动作不仅要快,还要准确,以促进转身动作速度和动作质量的提高。

三、动作频率训练

游泳运动员的速度快慢一定程度上由动作频率决定,所以要特别重视动作频率训练,在保证动作效果的前提下保持适宜动作频率。

在动作频率训练中,频率的加快应该建立在不对划水效果产生消极影响的基础上,否则会得不偿失。下面简单分析两种常见的动作频率训练方法。

（一）频率节奏训练

游泳运动员速度的保持以及体力的分配会受到其动作频率节奏的影响,因此要保持节奏的合理性。在 100 米泳池中进行 4 个分段的频率练习是典型的频率节奏训练法,我国很多优秀运动员都通过这个方法来训练频率节奏。

（二）最佳频率训练

我们重视动作频率训练,并不是一味强调提高动作频率,使频率达到最快;相反,频率过快会对划水效果产生不好的影响,最终影响游进速度和整个动作的完成质量。每个运动员都应该找到适合自己的最佳频率,从而提高速度。确定最佳频率,重要的是要将划频、划距、速度三者之间的关系处理好,找到这三个要素组合的最佳模式,这也是最佳频率训练的重点。

第四节 游泳运动速度素质训练注意要点

一、机体保持适宜工作状态

游泳速度素质训练对训练者机体工作状态的要求是达到并保持适宜状态,这主要体现在神经系统、肌肉系统、心血管系统等方面。只有达到这个要求,训练者的注意力才能完全集中到训练活动中,并能很好地完成训练,取得良好的训练效果。

二、合理安排训练时间

在一次训练课中,一般在课的前半部分进行速度训练,或者在上午运动员机体状态良好时进行训练。在周训练计划中,速度训练适合安排在小强度训练或调整训练后的第一天。在一个大的训练周期中要对速度训练的时间进行合理安排,主要在准备期后期和比赛期前期进行速度训练。在训练实践中对速度训练时间的安排具体要根据运动员的实际情况和训练需要灵活调整。

三、注意相关运动素质的发展

速度素质受到力量尤其是快速力量的影响,所以要将快速力量训练重视起来。此外,柔韧性也影响速度,柔韧性良好的运动员肌肉协调性更好,肌肉合力较大,肌肉阻力较小,速度更快,所以在游泳速度训练中也要加强对运动员柔韧性的训练。

四、重视肌肉放松

肌肉放松对提高速度是非常有帮助的,如果肌肉紧张,动作协调性较差,无法发挥速度能力。因此在游泳速度素质训练中运动员要适度放松肌肉,使血液循环变得通畅,更高效地利用能量物质,促进速度的提升。

第五章 游泳耐力素质训练与提高

游泳作为运动,其本身是一项全身性的运动项目,但是,作为一项目,耐力素质则是最重要的体能内容之一。运动员耐力水平的高度会在很大程度上影响最终的运动成绩,尤其对于中长距离的游泳比赛来说,耐力素质所起到的作用是具有决定性的。因此,对于游泳运动员来说,进行游泳耐力素质训练并使其提高是非常重要且必要的。本章主要对耐力素质训练的基本知识,一般耐力与游泳专项耐力素质训练,以及游泳运动耐力素质训练的注意要点等进行分析和研究。

第一节 耐力素质训练概述

一、耐力素质的概念界定

耐力素质,就是人体在长时间工作或运动中克服疲劳的能力。耐力素质水平的高低,能够反映出人体健康水平或体质强弱。耐力素质作为身体素质的重要组成部分之一,与其他素质之间有着密切联系。

二、耐力素质的类型划分

不同的运动项目对机体体能的要求各不相同,耐力素质作为体能素质中重要的身体素质之一,在各种运动项目中,自身所具有的特征和标准也是较为特殊的。

通常,可以按照下列标准来对耐力素质进行类型上的划分。

(一)按照运动时间划分

按照运动时间的长短不同,可以将耐力素质分为以下三种类型。

1. 短时间耐力

短时间耐力，就是指运动持续时间在 45 秒至 2 分钟的项目所需的耐力。完成这类运动项目的供能主要来源于无氧代谢过程。

2. 中等时间耐力

中等时间耐力，就是指运动持续时间在 2 ~ 8 分钟的运动项目中所需的耐力。在运动过程中，机体对氧的吸收和利用的能力会对机体的运动能力产生直接影响。

3. 长时间耐力

长时间耐力，就是指运动持续时间超过 8 分钟的运动项目所需要的耐力。一般，在这一类型耐力素质的训练过程中，运动员的心率可达到 170 ~ 180 次 / 分钟，心排血量为 30 ~ 40 升 / 分钟，肺通气量可达到 120 ~ 140 升 / 分钟。

（二）按照氧代谢方式划分

按照氧代谢方式的不同，可以将耐力素质的类型划分为以下三种。

1. 有氧耐力

有氧耐力，就是机体在氧气供应充分的情况下，坚持长时间运动的能力。机体的有氧代谢能力，能够将机体对氧气的吸收、运输和利用能力充分反映出来。要想发展和提升机体自身输送氧气能力，就必须进行有氧耐力训练。

2. 无氧耐力

无氧耐力，就是机体在氧供应不足的情况下，坚持长时间运动的能力。机体通过无氧耐力训练，能够使自身抗氧债能力得到有效提升。

3. 有氧与无氧混合耐力

有氧与无氧混合耐力，是一种特殊耐力，其介于有氧耐力和无氧耐力之间，也可以将其理解为，是机体的有氧和无氧代谢同时参与供能的。通常，这种混合耐力素质运动的持续时间要比无氧耐力长，但是比有氧耐力要短（表 5-1）。

表 5-1　耐力训练的四个区段

区段序号	区段	乳酸含量
1	代偿阶段	0 ~ 23
2	有氧阶段	24 ~ 36
3	有氧与无氧相结合阶段	37 ~ 70
4	无氧阶段	71 ~ 300

（三）按照肌肉工作方式划分

按照不同的肌肉工作方式,耐力素质的类型可以划分为以下两种。

1. 静力性耐力

静力性耐力,就是指机体在长时间的静力性肌肉工作中克服疲劳的能力。

2. 动力性耐力

动力性耐力,是指机体在长时间的动力性肌肉工作中克服疲劳的能力。

（四）按照身体活动划分

按照身体活动的不同,可以将耐力素质分为以下两种类型。

1. 身体部位的耐力

身体部位的耐力主要是机体的某一身体部位在进行长时间运动时,克服疲劳的能力。在体能训练过程中,一般耐力的发展水平会决定着这种局部耐力水平的提高。

2. 全身的耐力

全身的耐力主要是机体在整个身体机能在运动训练中克服疲劳的综合能力。其是机体耐力素质的综合反映。

（五）按照运动项目耐力划分

1. 一般耐力

一般耐力,就是指机体多肌群、多系统长时间工作的能力。一般耐力素质与运动项目无关,良好的一般耐力素质,是所有运动项目专项耐力素质发展与提升的基础。

2. 专项耐力

专项耐力,就是指机体为了获取专项成绩,最大限度地动员身体机能,克服专项负荷所产生的疲劳的能力。专项耐力与运动项目之间关系密切,不同运动项目的运动特点不同,对专项耐力的要求也各不相同。

三、耐力素质训练的基本要求

(一)选择适宜的训练方式方法

1. 合理的训练方式

通常,耐力素质训练的持续时间会比较长,这就要求在选择训练方式时一定要做到合理,从而保证对机体的有效刺激,使机体在生理和心理上都能保持良好的状态。

2. 科学的训练方法

对于耐力素质的训练,选择正确、科学的训练方法至关重要。否则,容易导致运动员在耐力素质训练中产生厌恶感和抵触心理,因此,这就要求以不同对象的生理、心理特点为依据,科学选择练习方法。

(二)训练运动负荷的安排要合理

有氧耐力是耐力素质的基础,要想提高有氧耐力水平,发展心肺功能水平是有效途径之一。一般,有氧耐力锻炼的心率控制在 140 ~ 170 次 / 分钟,为运动员所能承受最大强度的 75% ~ 85%。对于高水平运动员来说,可以再适当增大一些训练强度。

(三)在有氧耐力的基础上进行无氧耐力训练

从发展的角度来讲,机体的有氧耐力的提高能为其无氧耐力的发展奠定良好的基础。通过科学的有氧耐力训练,能增大心腔,提高每搏输出量,从而为有机体无氧耐力的发展奠定基础。

在发展无氧耐力之前或同时应进行有氧耐力训练,这样能使先进行无氧运动训练所导致的每搏输出量难以提高的情况得到有效避免。

（四）兼顾女子生理特点

男女生理结构和特性不同决定了他们在耐力素质训练也不同。女子的皮下肌肉和一些内脏器官中的脂肪含量较多，并且具有动用体内储存脂肪作为能源的能力，因而具有很强的从事耐力项目的能力。

此外，女运动员在月经期间最好不要从事大强度、长时间的耐力素质训练，同时，剧烈运动及其他外部刺激也要尽可能避免。

第二节　一般耐力素质训练

一、一般耐力素质训练效果的影响因素

一般耐力是运动员必备的身体素质之一，对于游泳运动员也是如此，属于有氧训练。一般耐力的发展，核心在于最经济、最有效地利用已有的机能潜力。

游泳运动员的一般耐力素质的训练效果受到很多因素的影响，其中，起到决定性影响的有：有氧能力水平、输氧系统工作效率、利用素质程度、技术动作效率、呼吸效率以及肌肉协调能力的水平。[1]

二、一般耐力素质训练的基本方法

（一）持续训练法

持续训练法，是一种低强度、长时间、无间断地连续训练的方法。这一训练方法技术动作可单一可多元，平均强度不大，负荷时间相对较长，以有氧代谢系统供能为主。其主要作用在于提高有氧代谢系统供能能力以及该供能状态下有氧运动的强度。一般，一组训练的持续负荷时间要控制在 10 分钟以上，负荷强度心率指标控制在 160 次 / 分钟左右，训练过程不中断。

持续训练法的训练目的不同，刺激的强度和负荷量也不相同（表5-2）。

---

① 陈岩. 游泳运动学与练 [M]. 北京：人民体育出版社，2011.

表 5-2　练习目的与刺激负荷的关系

训练目的	刺激强度		持续时间
	心率	强度	
调整、休整、恢复体力	120 ~ 150 次 / 分钟	小强度	30 ~ 50 分钟
提高有氧耐力	150 ~ 180 次 / 分钟	中强度	50 ~ 90 分钟
提高承受大负荷的能力	120 ~ 150 ~ 180 次 / 分钟	小、中强度	90 ~ 120 分钟
提高力量耐力	120 ~ 150 ~ 180 次 / 分钟	小、中强度	不能再做为止

（二）间歇训练法

间歇训练法，是一种对多次训练的间歇时间作出严格规定，使机体处于不完全恢复状态下，反复进行训练的方法。间歇训练法在一般耐力的训练中是不可或缺的，通过对这一训练方法的运用，能使运动员机体的心脏功能得到增强，各机能产生适应性变化，有效提高和发展各种代谢供能能力，提高运动员机体抗乳酸的能力。

通常情况下，间歇的方法都是采用积极性休息方式，如慢跑或走，放松性的练习。心率恢复到 120 ~ 130 次 / 分钟即可开始下一次训练。

间歇训练的不同时间、距离、练习的强度、间歇的时间与训练的目的，构成的间歇训练法的类型也是不同的（表 5-3 ）。

表 5-3　不同类型的间歇训练法参数

训练目的	训练时间	训练强度	间歇时间	重复次数
提高有氧耐力	8 ~ 15 分钟	小强度	长	较少
提高无氧耐力	8 秒至 2 分钟	最大强度或大强度	短	多
提高混合耐力	2 ~ 8 分钟	中等强度	中	中
提高专项耐力	8 秒至 15 分钟	大强度	短、中、长	少、中、多
提高力量耐力	8 秒至 15 分钟	中等强度	短、中、长	多

（三）重复训练法

重复训练法是一种多次重复同一练习，两次（组）练习之间安排相对充分休息的训练方法。在一般耐力素质训练中，通过重复训练，能使运动员运动条件反射的过程得到强化,使机体尽快产生较高的适应性机制。需要强调的是,重复训练法是由单次(组)训练的负荷量、负荷强度及每两次(组)训练之间的休息时间这些要素构成的。静止、肌肉按摩或散步是这一训练方法经常采用的休息方式。

重复训练法的间歇时间以心率恢复至 100 ~ 120 次 / 分再进行下一次训练为宜。重复训练法的类型会因为训练时间、距离、练习的强度、间歇的时间与训练目的的不同而不同(表 5–4)。

表 5–4　重复训练法的训练参照指标

训练目的	训练时间	训练强度	间歇时间	重复次数
提高有氧耐力	8 ~ 15 分钟	最大强度、大强度	中、长	少
提高无氧耐力	2 ~ 100 秒	极限强度、最大强度	短	少
提高混合耐力	2 ~ 10 分钟	最大强度、大强度	中	少
提高专项耐力	15 ~ 60 秒	大强度	长	少
提高专项速度	15 ~ 30 秒	最大强度、大强度	短、中、长	少

（四）循环训练法

循环训练法,是按照训练的具体任务,设置多个训练站,练习者按照既定顺序和路线,依次完成每站训练任务的训练方法。这一训练方法能有效地提高自身训练情绪和积极性,合理地增大运动训练过程的训练密度,需要以个体实际情况为依据来进行针对性调整。

（五）变换训练法

变换训练法,就是通过对运动负荷、训练内容、训练形式以及条件的变化,来促进练习者积极性、趣味性、适应性及应变能力提高的训练方法。通常,变换训练法会因为负荷、内容和形式的变换而形成三种不同类型的训练方法。不管采用哪种类型的训练方法,在一般耐力训练过程中,都能起到促使机体产生适应性变化,帮助机体提高自身承受运动负荷的能力的作用。

三、一般耐力素质训练的具体方法

一般耐力素质训练的基本特点表现为长时间、小强度。一般耐力素质训练采用的具体方法有很多，可以大致根据游泳的项目特点分为两种，即陆上训练和水中训练，具体训练方法如下。

（一）陆上训练

陆上训练一般会采用长时间的单一训练方式，常见的有越野跑20 ~ 120分钟、骑自行车40 ~ 180分钟、球类练习1 ~ 3小时等。陆上训练的主要功能在于，能在发展机体有氧代谢的能力的同时，也使工作肌群及关节、韧带的工作耐力得到提高。各种变换、组合的耐力练习，如法特莱克跑对于游泳运动员训练兴奋性的提高是有帮助的，能呼吸更多的氧气，使疲劳出现的时间推后。

1. 有氧耐力训练

有氧耐力训练是一般耐力的基础，运动员有氧耐力的发展水平主要取决于三方面的因素（图5-1）。要提高游泳运动员的有氧耐力水平，采取的具体训练方法和手段有以下几个。

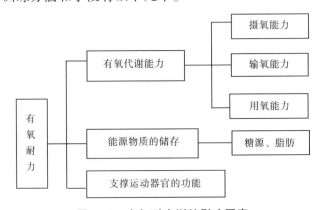

图5-1　有氧耐力训练影响因素

（1）变速跑。在场地上进行不同距离或者段落的变速跑。400米、600米、800米、1 000米等段落的训练最为常见。

（2）定时走。在自然环境中，在规定的时间内进行自然走或稍快些自然走的训练。训练时间控制在30分钟左右即可。

（3）定时跑。在自然环境的场地中规定时间的跑动训练,时间最少为 10 ~ 20 分钟,也可以时间更长。

（4）定时定距跑。在自然环境的场地中做定时跑完固定距离的训练。比如,在 20 分钟内跑完最少 3 500 米的距离。

（5）重复跑。在规定的场地中进行重复跑的训练,注意要根据游泳运动的任务与要求为依据,来确定重复跑的距离、次数与强度。重复跑强度要稍小一些,跑距可长些。一般重复跑距离为 600 ~ 1 200 米即可。

2. 无氧耐力训练

（1）间歇接力跑。四人在跑道上分为两组训练,相互之间距离 200 米站立,听口令起跑,每人跑 200 米交接棒。重复训练 8 ~ 10 次结束。

（2）计时跑。短于专项距离的重复计时跑或长于专项距离的计时跑都可以。重复次数 4 ~ 8 次,间歇 3 ~ 5 分钟。强度为 70% ~ 90%。

（3）球场往返跑。在篮球场地上进行训练,在端线处站立,听口令起跑至对面端线后再转身跑回。每组往返 4 ~ 6 次,重复 4 ~ 6 组。强度为 60% ~ 70%。

（4）上下坡变速跑。在 7° ~ 10° 的斜坡跑道上做上坡加速快跑 100 ~ 120 米,下坡放松慢跑回起点。每组 4 ~ 6 次,3 ~ 5 组,组间歇 10 分钟。强度为 65% ~ 75%。

3. 混合耐力训练

（1）反复跑。每组进行 150 米、250 米、500 米的反复跑训练,每次跑动之间距离 4 ~ 5 次。组间间歇 20 分钟左右。要在预定的时间内跑完全程。采用 80% 以上的强度。

（2）间歇快跑。以接近 100% 强度跑完 100 米后,接着慢跑 1 分钟的间歇训练。快慢方式对照组成　组。反复训练 10 ~ 30 组。

（3）短距离重复跑。采用 300 ~ 600 米距离,每次练习强度为 80% ~ 90%,进行反复跑。

（4）力竭重复跑。采用专项比赛距离,或稍长距离,以 100% 强度全力跑若干次。每次之间充分休息。短距离以 30 米为好。中距离跑则以 800 或 1 500 米为好。

（5）俄式间歇跑。训练时要求学生在 400 米练习中,用规定速度跑完 100 米后,休息 20 ~ 30 秒,如此循环反复训练。

4. 肌肉耐力训练

（1）仰卧起坐。仰卧两手抱头起坐，连续做 50 次为一组。训练过程中要连续不间断。

（2）连续半蹲跑。以半蹲姿势开始，向前跑进 50 ～ 70 米，速度上不做要求，往回走时要尽量放松。

（3）连续跑台阶。在高 20 厘米的楼梯或高 50 厘米的看台上，连续跑 30 ～ 50 步。跑 20 厘米高的楼梯，每步跑 2 级。训练时间不做规定，按训练过程中的动作不能间断，向下走时尽量放松，心率恢复到 100 次/分钟时即可开始下一次训练。

（4）连续换腿跳平台。在高度 30 ～ 45 厘米的平台上，单脚置于平台，另一脚在地上支撑，两脚交替跳上平台各 30 ～ 50 次。注意动作的协调性。

（5）沙地负重走。在沙滩上进行负重走的训练，所负重量可以是杠铃杆，也可以是人。

（6）沙地竞走。沙滩或沙地上做竞走训练，每组训练的距离为 500 ～ 1 000 米。要保证动作的规范性，训练距离可逐渐延长。

（7）沙地后蹬跑或跨步跳。在沙滩或沙地上进行后蹬跑或跨步跳的训练，每组训练的距离为 80 ～ 100 米。

（8）负重连续转跳。肩负杠铃杆等轻器械做连续原地轻跳或提踵训练，所负重量可逐渐增加。

（二）水上训练

水上通常采用长游或各种形式的变速游，来使工作肌和血液中的脂肪得以消耗，这对于体重的减轻是有帮助的。游泳运动一般耐力素质的水上训练方法主要有以下几种。

1. 长游训练

长游训练的时间可控制在 30 ～ 90 分钟，训练心率要达到在 130 ～ 150 次/分钟。长游训练能有效提高有氧供能能力。长游训练是游泳运动员耐力的发展安全可靠的方法之一。比如，可以进行 2 000 米爬泳，85% 强度，心率 120 ～ 140 次/分钟，休息 4 分钟，每次训练时间应在 2.5 小时左右。

2. 变速游训练

长距离变速游多选择 800 ~ 3 000 米的游距,其中 25% ~ 50% 采用 50 ~ 200 米的距离,训练强度为 90%,其余以 80% 的强度进行练习。具体可以为,2 000 米变速游 [(200 米主项,90% 强度)+ (200 米副项,80% 强度)],休息 3 分钟;800 米变速游 [(50 米爬泳,90% 强度)+ (150 米仰泳,80% 强度)],休息 1 分钟。训练总时间在 2 ~ 2.5 小时,练习总量在 8 000 ~ 10 000 米。[①]

第三节　游泳专项耐力素质训练

专项耐力素质,就是指一种能有效维持高速度运动的能力。专项耐力的供能系统主要为糖酵解供能,乳酸浓度指标能够将这一供能系统反映出来。

一、游泳专项耐力的特征

进行游泳速度耐力训练时,要针对不同速度耐力的供能特征,在训练手段与方法的选择上做到区别对待,从而使游泳专项(主项)的速度耐力素质得到有效发展和提升。

专项耐力指数 = 平均速度 / 绝对速度。

二、影响游泳专项耐力素质训练效果的因素

(一)乳酸峰值和乳酸忍受水平

游泳运动专项耐力肌肉工作的主要供能来源是糖原酵解供能,凡制约糖酵解能力的因素,都会对专项耐力水平的发展与提高产生影响。

(二)负荷的作用方向

专项耐力的供能系统有两个以上,因此,在进行游泳运动专项耐力

---

① 王向宏.体能训练力量与方法 [M].北京:北京航空航天大学出版社,2010.

训练时,其复杂程度要高得多。另外,发展专项耐力的负荷强度也相对要高一些。负荷强度对机体生理产生较大且持久的影响,这就容易导致机体过度疲劳的产生,对训练技术有着较高的要求。

（三）力量训练水平

对于高速度的保持来说,力量训练水平所起到的作用至关重要,一般来说,与合理技术的有效结合,运动效率会更高、更经济。

（四）年龄与生长发育

对于年龄较小的少年儿童游泳运动员来说,他们早期的训练宜从一般耐力和速度的训练,将发展有氧运动能力和绝对速度（ATP-CP 供能能力）作为重点,随着年龄增长,生长发育成熟,逐步增加速度耐力的训练,提高糖酵解供能能力的训练比重。这类练习通常只占到总训练量的三分之一左右。

三、游泳专项耐力素质训练方法

对于游泳运动员来说,专项耐力训练是以刺激无氧糖酵解供能系统,来提高糖酵解供能能力和供能效率属乳酸负荷训练。

大强度的间歇训练法、重复训练法及比赛训练法是游泳专项耐力素质训练常用的训练方法。通常,游泳专项耐力训练的最大特点是总负荷高,心率、血乳酸达到最高水平。

采用大强度间歇训练时,应待心率恢复至 120 ~ 145 次 / 分钟再进行下一次练习；进行重复训练时则要求恢复到 120 次 / 分钟以下。练习采用的距离,中距离为比赛距离的 1/4 ~ 3/4,长距离不宜超过比赛距离的 3/4,但常采用比 1/4 专项距离短的练习段落。这里要强调的是,游泳运动员专项耐力特点会因为游距的不同而有所差别。

（一）短距离游泳专项耐力训练

根据能量代谢的理论,无氧代谢水平的高低决定了短距离游泳运动员的运动能力。无氧训练常用的方法有速度训练、重复训练、间歇训练、变速训练等,以及按照能量分类的高乳酸训练、耐乳酸训练、有氧无氧混合训练。

1. 高乳酸训练

高乳酸训练是指使训练强度足以达到产生最大乳酸,从而改进无氧代谢机能,提高工作肌耐乳酸和消除乳酸能力的训练方法。

2. 乳酸耐受力训练

乳酸耐受力训练是最艰苦训练的负荷等级,具体是指在重复游或长距离游训练中,使运动员长时间产生的乳酸量大于消乳酸量的训练方法。改进无氧代谢的供给和忍痛能力,提高工作肌缓冲和耐乳酸能力以适应比赛,是乳酸耐受力训练的主要目的所在。乳酸耐受力训练的核心是重复次数、组数与间歇。可采用 50 ~ 200 米距离、总量在 400 ~ 600 米、训练时间与间歇时间之比为 1∶2 ~ 1∶1 用 95% ~ 110% 的比赛速度、根据距离的不同血乳酸指标控制在 6 ~ 12 毫摩尔/升,心率要求达到最高或最高减 10 次/分钟的强度进行。

高乳酸水平的血乳酸值在每升 8 毫摩尔以上,但在个体方面有着较大的差异性,在实际训练中教练员应以运动员个体乳酸水平为准,负荷水平应控制在高于最大吸氧量训练的血乳酸值水平。一般的,训练的分段距离为 100 ~ 200 米,强度水平应在 90% 以上,心率达个人心率水平的最大值。

不同训练水平的运动员对乳酸的耐受力也是不同的,乳酸耐受力提高时,机体不易疲劳,运动能力也随之提高。因此,乳酸耐受力的训练对 100 米、200 米项目尤为重要。发展乳酸耐受力的训练手段如表 5-5 所示。[1]

表 5-5　发展乳酸耐受力的训练手段

重复次数	占最好成绩的比例 /%	占测验成绩的比例 /%	血乳酸范围 /（毫摩尔·升⁻¹）	心率范围 /（次·分钟⁻¹）
5（6×100米）	86 ~ 89	90 ~ 93	12.58 ~ 13.57	180 ~ 190
2（10×100米）	86 ~ 89	89 ~ 92	11.94 ~ 13.36	180 ~ 198
20×50 米	84 ~ 89	89 ~ 91	9.2 ~ 15.23	197 ~ 200
100 米分段游	101 ~ 103	105 ~ 110	9.33 ~ 12.37	

---

[1]　王向宏.体能训练力量与方法[M].北京:北京航空航天大学出版社,2010.

3. 无氧耐力训练

游泳比赛中,200米以下的比赛项目占到了80%,能量供给以无氧代谢为主,所以这些项目的运动员在训练进入专项提高阶段时,教练员都会安排大量的无氧耐力训练,从而使游泳运动员对乳酸的耐受程度有所提升,使运动员在身体供氧不足的情况下,还能维持较长时间对肌肉收缩功能的能力。由此可以得知,无氧运动能力的高低对短距离游泳运动员的运动能力产生决定性影响。

无氧耐力是运动员提高专项水平的重要保证。运动员通过无氧训练能使自身的无氧代谢能力得到提高,同时,还能对有氧、无氧两种代谢途径进行有效控制和调节。发展运动员的乳酸能供能能力时所用到的训练方法有很多,比如,间歇训练法、重复训练法,而发展非乳酸能供能的训练则主要采用短冲训练法。

(1)间歇训练法。无氧耐力训练中的间歇训练法强度要求较高,通常为85%~95%,根据训练内容确定训练手段。间歇训练法的主要作用在于,能使游泳运动员机体在血乳酸浓度很高时仍可以将肌肉的作用能力充分发挥出来。

发展糖酵解能力的训练会出现一些"梯形"组合训练。这种训练方法在安排上有两种,一种是从长至短,另一种是从短到长,训练效果也会因此而有所不同,通常,前一种安排的主要作用是提高运动员迅速动员机体糖酵解能力,后一种安排的作用则是提高机体长时间维持糖酵解机制的高度活性。

(2)重复训练法。重复训练法的形式与间歇训练的形式基本相同,主要差别在于,重复训练法在间歇时间上并没有非常严格的规定,通常只要运动员的呼吸和心率基本恢复就可以开始下一次训练。重复训练法能使游泳运动员的速度感和动作节奏感都有所加强。这部分的训练内容强度较大。因此在控制方面较为严格,注意运动员的完成情况,并做好运动员练后的恢复训练,从而使运动员过度训练的情况得到有效避免。

(3)短冲训练法。短冲训练法在每堂训练课中都会出现,具体来说,会要求游泳运动员用最快的速度全力完成。这种训练要求运动员的划手和打腿都要以最大力量和最快速度进行,因而对肌肉的刺激较大,在肌肉的速度和力量的提高以及快游时技术的改进等都有着积极的影响,对游泳运动员的神经系统来说,也是非常好的一种锻炼方式。

（二）中长距离游泳专项耐力训练

1. 有氧无氧混合训练

有氧无氧混合训练是介于有氧和无氧训练之间的混合供能训练为90%～95%,血乳酸值为5～9毫摩尔/升,间歇时间控制在心率降至120次/分钟即开始下一次训练即可,这样能使游泳运动员有氧无氧混合供能能力得到有效提高,速度耐力得到发展。

（1）重复游的方法:（2～4）×100米,间歇3～5分钟,要求完成最好成绩的95%～100%。

（2）递增变速游的方法:要求运动员完成每一游距时,后程比前程快,如 $n \times 400$ 米。要求每个400米用最好成绩的90%来完成,且每个400米后200米的成绩要比前200米快。通过较高负荷心率的刺激,能有效提高运动员机体抗乳酸能力,使他们在保持较高强度的情况下具有持续运动的能力得到保证。

（3）10～25米的配合游和分解训练。在进行这种游距的训练时,可采用加阻游、极限强度的带划水掌游、超极限速度（大于1.9米/秒）的水槽游（水流流速在1.9米/秒以上）、滑轮拉力游以及25～50米比赛游的方式练习。采用重复和间歇法训练时,重复次数不宜过多,重复次数控制在6～8次至12～16次即可。[①]

2. 有氧耐力

游泳运动员的有氧耐力在整个游泳训练中所占的地位非常重要,其训练量在全年训练量中占主要地位,长距离运动员有氧训练的量所占百分比则更多。400米以上的游泳比赛项目以有氧代谢为主,这就更加突出了有氧训练的地位。

游泳训练中有氧耐力训练的方法、手段与运动强度、游距之间有着密切的关系。实践证明,对于长距离和超长距离游泳项目的运动员来说,70%～85%的运动强度、持续进行中距离并结合短的间歇,心率保持在120～160次/分钟的训练是较为适宜的,能使运动员的有氧代谢能力得到有效发展和提升。

① 王向宏.体能训练力量与方法 [M].北京:北京航空航天大学出版社,2010.

一般来说,游泳运动员有氧耐力训练最常使用的方法是比赛训练法。

教练员通过对游泳运动员有氧耐力进行训练,从而使运动员身体各器官的功能和各项生理指标都得到发展,使其适应日后高强度的专项训练和比赛。

第四节　游泳运动耐力素质训练注意要点

一、遵循身心发展规律,选取有效的训练手段

耐力训练是体能训练的重要组成部分,也是体能贮备的主要方面,因此,进行游泳运动耐力素质训练,一定要遵适宜的训练规律,这里主要是指游泳运动员的身心发展规律。

另外,在遵循游泳运动员身心发展规律的基础上,还要选择有效的训练手段,这样才能对游泳运动员竞技能力的保持和发展起到促进作用,尽可能避免运动员发生伤病的情况。教练员在训练游泳运动员的耐力素质时,应注意选择有效的、与专项竞技能力结合较为紧密的训练手段。

二、遵循耐力素质发展的原则

(1)从实战出发原则:在耐力素质训练过程中,一定将比赛和训练之间的关系处理好,然后,以比赛实战的需求为出发点,来进行相应的训练。

(2)适宜时机提高专门性原则:在进行常规的耐力素质训练时,还要在适宜的时机进行专门性耐力训练,并将两者有机结合起来。

(3)周期性原则:通常,耐力素质的训练和发展过程是漫长的,需要多个训练周期才能实现的,因此,按照周期性特征进行训练,可以保证科学、合理地提高耐力素质水平。

(4)一致和协调性原则:游泳运动员的耐力素质训练要与取得发展耐力运动成绩要素之间形成统一的目标,并且要相互协调。

(5)针对性和持续性原则:游泳运动员的耐力素质训练要在明确目的的指引下进行,同时,还要保证其训练的系统连贯性。

（6）循序渐进原则：在对游泳运动员进行耐力素质训练时，训练负荷的增加要做到循序渐进，不能突然加大，从而使运动伤害事故得到有效避免。

（7）持久训练控制原则：在发展游泳运动员耐力素质的过程中，必须不间断和高效率地控制训练全过程。

三、要将有氧耐力与无氧耐力训练结合起来进行

对于游泳运动员来说，在机体代谢的过程中，有氧耐力和无氧耐力之间有着密切的关系。其中，有氧耐力是无氧耐力发展的基础。有氧耐力训练能使心脏体积增大，每搏输出量提高，为无氧耐力的发展打下了坚实的基础。在发展游泳运动员有氧耐力过程中，合理穿插一些无氧耐力训练，能有效改善游泳运动员的呼吸能力和循环系统的功能，对于其有氧耐力水平的提升是有帮助的。可以说，机体有氧耐力和无氧耐力是相互联系、相互促进的。

四、注意呼吸问题

游泳运动员在进行耐力素质训练时，一定要把握好关键因素，即正确的呼吸节奏。在游泳运动员进行中等负荷耐力训练时，机体的每分钟耗氧量与氧供给量之间的平衡会被打破，大负荷训练则会进一步加重这种不平衡感。另外，在呼吸节奏与动作节奏配合的一致性方面要高度关注，从而保证呼吸与动作之间的协调性。

第六章 游泳协调素质训练与提高

协调素质是一项综合性运动素质,良好的协调能力是运动员准确完成动作的一个重要前提。在运动员体能水平及技术动作质量的评价中,协调素质又是一项非常重要的评价内容与指标。游泳运动是"手脚协调"类运动项目,对游泳运动员的协调能力有很高的要求,协调能力良好的运动员能够在比赛中更稳定地发挥。因此在游泳体能训练中要注重协调性训练,通过科学的训练提高游泳运动员的协调能力。本章主要对游泳协调素质的训练与提高进行研究,首先阐述协调素质的训练理论,然后重点对游泳运动员的协调素质训练方法及训练中的注意要点展开研究。

第一节 协调素质训练概述

一、协调素质的概念

人体不同肌肉共同工作以完成特定运动的能力就是协调素质。这是医学领域对协调性的定义。运动训练领域对协调素质的定义和医学领域对协调素质的定义相似,即为完成特定的动作,达到一定的运动目的,身体各器官系统与运动部位协同配合工作的能力。

协调素质是综合性运动素质,其包含的活动较为复杂,为便于理解,可将这一复杂的活动概括为向大脑输入信息,感官出现相应的反应,然后调用所学技能,以合理的运动程序来完成动作。简言之,就是大脑预测与评价输入的信息,并做出调整与反应。我们可以通过运动神经学习原理来理解协调性活动。运动神经学习程序如下:

第一,感官接收器受到来自肌肉运动的刺激。

第二,感官接收器向信息处理器——中枢神经系统传送信息。

第三,中枢神经系统执行工作,对接收的信息进行调整与改善。

第四,中枢神经系统通过运动神经通路向相应的肌肉传递信息,使肌肉顺利进入工作状态。

在运动神经学习的整个过程中,任何层面只要受到来自内外因素的刺激,学习结果都会受到影响,因此研究运动神经学习原理有一定的难度。运动神经学习过程也可以看作动作行为的一系列变化过程,这一变化具有系统性,先获得技能,然后完美表现动作技能。在某一动作技能的学习过程中,如果感觉有难度,对学习过程不理解,可以先把程序明确下来,如图6-1[①] 所示。

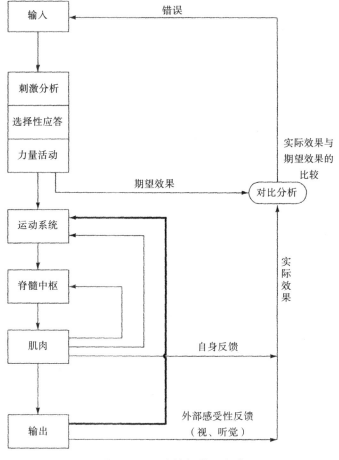

图6-1 运动神经学习程序

---

① Bill Foran.高水平竞技体能训练 [M].袁守龙,刘爱杰,译 .北京:北京体育大学出版社,2006.

二、协调素质训练的层次划分

通过协同素质训练要达到高度协调性,需经历以下几个层次或阶段。

(一)粗糙的协调性

这是初级阶段,运动员必须对自己的身体动作有清晰的认识和正确的理解,从而努力完成新的任务。这一阶段,运动员主要靠视听觉来获取和识别信息,并基于这些感官系统的识别而理解动作,而其他感官暂时还不具备高度准确地识别信息的能力。这种感官模式有助于促进初级阶段的运动员在运动学习中不断进步,从而使自己的协调性由粗糙向优秀和特级转换,从初级向中高级发展。

(二)优秀的协调性

这一阶段的运动员逐渐从内在感知动作,视听觉主要用来消化来自教练员发出的信息,除此之外对这些感觉器官不再过度依赖,本体感受器、接触感受器以及深度感受器被频繁运用,在运用这些感受器的同时,在反馈链机制原理的指导下进行动作技能锻炼,从而提高动作效率,同时对不必要动作的产生起到预防的效果。

(三)特级协调性

在这个最后阶段,运动员经过不断的练习,动作程序逐渐实现自动化,多余动作不再出现,此时即使在环境复杂多变的情况下,运动员的动作质量也能达到标准。

在协调性训练的三个阶段中,机体完成动作的效率随协调性的改善而逐渐提高。不同肌肉同时工作时协调性的提高促进了动作效率的提升。不同肌肉之间相互配合,相互作用,共同完成一个动作,这是肌肉协调性的表现。有时为完成一次肌肉收缩,需要多个神经肌肉单位共同参与工作,并相互作用。为提高肌肉协调能力,可进行负重训练、抗阻训练以及其他辅助训练。

三、协调素质训练与发展的基础

（一）平衡和底部支撑

1. 平衡能力

在有支撑的情况下使身体重心保持稳定的能力就是平衡。平衡是协调素质的一个重要组成部分，对运动技能的发展具有重要影响。下面具体分析人体运动中平衡的重要作用。

运动时的身体平衡点被称作身体中心，虽然这个平衡点是假想的，但确实对提高人体运动的平衡与稳定性有帮助。男性与女性的身体中心不同，但都在身体内部且一般不会发生变化。身体中心具体在身体的哪个部位，和人的身高、体型有关。当人体直立处于静止状态时，身体中心所在的那个点就是重心。但是重心和身体中心是有区别的，重心是起伏变化的，在身体内部具有波动性，运动可引起重心的变化，有时重心位于身体外部，运动的产生就是重心偏离中心或者重心与中心不在同一点的结果。

平衡有静态平衡和动态平衡两种类型。我们把身体内部区的平衡称为静态平衡，站立静止不动就是一种静态平衡状态，这种状态的维持离不开特定神经肌肉活动，而且身体内部的反馈系统也是系统化和复杂化的。平衡的保持或失衡主要看平衡阈这个临界点。

在运动状态下和有支撑的情况下使身体中心得以保持的能力就是动态平衡，这类平衡是运动的本质。运动过程中的动态运动链能否保持有序的排列和长久的稳定，主要受平衡的影响，这进而又会对人体运动的动力的产生、增强或减弱造成影响。在动态平衡状态下，运动员对平衡阈的运用情况影响其运动的流畅性，如果运用有效，则通过对临界点的推动而运动，运动的灵活性与流畅性也会提高。运动员不仅要在不同的环境下、不同的对抗条件下竞争，还要在不同的平面上不断尝试与突破，这是动态平衡对运动员提出的重大挑战。良好的动态平衡能力对提高运动员的协调性、灵敏性以及整体运动表现能力具有非常重要的意义。

运动员明确自己的身体重心在哪个位置，然后保持这个重心不变，可以在运动中有效控制身体重心，在运动结束后使身体姿势恢复到原来的状态。运动员控制身体重心与保持平衡的能力直接影响其在运动场上的整体表现。

2.底部支撑

运动员完成技术动作时要保持合理的身体角度,这就需要底部支撑达到一定的牢固程度。保持合理的身体角度就是要对身体各部位之间的关系进行正确处理,从而更好地对身体平衡进行控制,为运动方向与速度的快速调整提供方便(图6-2)。运动员对身体平衡阈的灵活操纵需要其身体各部位形成合理、均衡的角度,这个角度的形成应在支撑底部内完成,均衡的身体角度可以作为杠杆调节运动员身体中心与地面支撑力的关系,为运动员速度的调整、跳跃动作的完成等提供方便。当支撑底部有干扰动作等外界力量介入时,保持身体角度的均衡显得更加重要。在移动类运动中,优秀运动员往往可以保持良好的身体角度,并在比赛中灵活运用身体角度来发挥自己的技术,如篮球运动员利用合理的身体角度能够完成高质量的起动、急停等动作,而且改变身体运动方向也很迅速、灵活。

图 6-2　合理的身体角度

(二)脚与地面的相互作用

运动员脚与地面的相互作用非常重要,就像篮球运动员手与球的相互作用很重要一样。运动员在运动技能的练习上会花费很多时间与精力,但是对脚与地面相互作用的问题却很少去思考,但有时脚以正确的方式接触地面以及正确把握脚与地面的相互作用比花大量时间重复练习运动技能还要重要,因为充分运用脚与地面的相互作用对运动成绩的提高有很大的帮助。

在运动链内部小腿发挥的力量虽然占的比例不大，但要将大肌肉群的力量激活，协调身体不同部位大肌肉群的工作，以发挥力量合力，都是离不开小腿力量的。不管是训练协调素质还是在运动比赛中，很多动作都需要通过脚踝背曲或脚趾上翘向胫骨移动才能完成。脚踝背曲是在提膝时自动形成的一个姿势，该姿势有助于使腿部随时准备好重新向后加速，然后在运动链系统中完成前脚掌与地面之间的力量传递。

运动员的双脚在很多运动项目中都是平整状态，前脚掌支撑的体重达到75％，但脚趾尖不能承受太大的体重。如果运动员靠脚趾尖支撑体重来移动或起跳，因为无法对地面的反作用力进行充分利用，所以会大大增加脚筋、脚踝受伤的可能性，而且也会影响最终的运动表现和成绩。一般来说，做侧向移动的动作时，脚趾尖的方向垂直于运动方向，以帮助顺利完成侧向移动，这是与有效性技能相对应的一面，运动员移动时前后脚各有分工，前脚移动方向与目标方向垂直，后脚主要对身体的移动起到推动作用，这样运动员的前脚或者说是脚内侧承受体重，从而快速完成移动、切入等动作。运动员前脚提起，后脚被拖动，当转变为动态移动时，同样适合采用这种移动技能。

（三）地面的反作用力

人的身体具有将力量传送给地面的能力，传送力量后，这种着地能力使得地面产生反作用力，通过相互之间的能量转换，推动身体向预期方向活动。人体通过地面反作用力而移动的过程中对先天反射的利用很明显。地面的反作用力使得本身就有一定弹性的肌肉在运动中的动作表现力及动作频率得到了提升。

体育运动中，有的移动动作要在多个不同的方向上完成，这类动作一般脚抬得不高，而且屈膝、脚背曲主要是为了便于两脚变化移动方向时能够通过地面重新加速，从而顺利向目标方向快速移动。两脚背曲接触地面并通过地面的反作用力变化动作方向时，接触地面会产生有节奏的、清脆或猛烈的声音，像叩击声一样，如果声音很小，很平静，说明运动员向地面传送的力量很小，不试图利用地面的反作用力完成接下来的动作，而试图脚趾尖发力。要最大限度地利用地面的反作用力，就要以正确的动作接触地面，充分传送力量。

（四）身体姿势

运动员在运动中的身体姿势对运动成绩有非常大的影响。身体中心的稳定性是产生良好直立身体姿势的前提，腹直肌、腹横肌及其他肌肉协调工作能够使身体各部位的姿势保持稳定，从而维持身体中心的稳定性。在运动过程中呼吸时，胸膜内压有助于维持身体稳定，而且身体各部位可以通过胸膜内压向地面传送力量，这对于身体动作与平衡的改善具有重要作用。运动员完成每项动作都要依靠感官输入来进行信息的有效判断与处理。身体中心维持稳定可以使头部与身体动作更好地协调配合，也可以使感官系统快速地获取可靠信息，为反馈系统的运作提供帮助，这最终有助于促进持续稳定的身体运动环境的形成。完成每个动作姿势，表达不同的运动风格，都需要先获得可靠的信息，然后正确处理信息，这能够提高动作表现力，也能有效预防运动损伤。

运动员的身体姿势与运动类型、运动形式有关，静态身体姿势的正确启动方法为臀部向后坐，腰部稍前倾，胸、肩在膝上方。身体重心由前脚掌支撑(有些运动要注意臀部下方双脚的交错移动，如网球运动)，躯干平行于胫骨。刚开始运动员对这种姿势不习惯很正常，但是适应一段时间后会发现这种身体姿势的平衡性和稳定性很强，而且非常有力，能够使身体各部位与地面保持恰当的角度。

（五）反应能力

身体姿势准备就绪，身体重心保持稳定后，要积极主动向目标方向移动，这对运动员的反应能力是一个很大的考验。在动态运动过程中锻炼协调素质也有助于提高反应能力。要进一步提高运动员的反应能力，就要对其感觉器官获取与处理信息的能力以及预测技战术的能力进行培养。

（六）快速起动

身体姿势、反应能力、目标移动方向都关系到快速启动的效果。要快速迈出第一步，就要先保持身体姿势的准确、身体角度的合理以及身体重心的平衡，从而产生推力使运动员向预期方向快速移动，预防起动中出现失误。

注意迈第一步时,不管是向前后方移动,还是向侧方移动,脚接触地面时要保持小腿角度的恰当与合理,不可以在重心前方迈步太大,否则会对后面的运动速度产生不良影响。一般来说,反应快、距离短是快速起动中迈出第一步的要点和注意事项。

（七）加速和减速

身体姿势正确、身体适度倾斜,小腿角度适宜,上下肢动作具有爆发力,这是提高加速能力的几个重要条件。

在运动过程中,不能突然停止运动,而要先减速,如在急停动作中要先减小下肢速度,然后过渡到完全停止,这样能避免运动部位出现损伤。减速能力对运动员的相对力量提出了较高的要求。

（八）交互能力

从侧向移动变化为向前或向后移动时,这个转换就是交互。交互对运动员的快速反应能力提出了较高的要求,反应能力强的运动员能够快速从侧移转换为前移或后移,并在短时间内移动距离较长,而且也能凭借快速机敏的反应灵活调整速度。两脚交叉在运动中是比较常见的,接近旋转轴时,后脚在前脚上方交叉。

（九）变向能力

在做各种移动动作时,变化方向伴随着移动速度的调整,有时要加速,有时要减速,在不同的方向上做相同的移动动作,要注意前后的衔接,在变向中也可以改变移动方式,综合练习不同的移动技术。

（十）后退

后退动作主要出现在防守方,进攻方切入时,防守方要做一些后退动作,或者在线性运动转变时也会后退。后退属于初级动作,往往与其他专项动作一起出现,是连贯动作中的一个环节。

（十一）下落脚步动作

这类转换型脚步能将向前且带有斜线交叉跑的动作联系起来,对从后退跑到向前跑的转化具有一定的影响。做这类动作时,要先推动外侧脚使之有力地落下,然后放内侧脚。

第二节　游泳运动的协调性训练

一、游泳运动员一般协调能力训练

(一)各种跑

1.训练目的

促进身体各部位之间相互协调能力的提高。

2.训练方法

进行不同步伐、不同方向的跑步练习,跑步中可以加上踢腿动作,如交叉步前进或交叉步后退、快速转身跑、快速倒退跑、边踢腿边跑等。[①]

3.训练要求

跑步中注意步伐、方向的变化。

(二)前滚翻

1.训练目的

促进躯干与四肢相互协调能力的提高。

2.训练方法

做好蹲撑准备,向前移动身体重心,向后下方蹬腿离地,手臂弯曲、头低下、臀部抬起,头后部着地接着两手撑地,经后脑、背、腰、臀依次滚动,背部在地面上时,腹部收紧,膝盖弯曲,迅速团身抱腿。

3.训练要求

动作要连贯。

---

① 谭成清,李艳翎.体能训练[M].长沙:湖南师范大学出版社,2012.

（三）后滚翻

1.训练目的

促进躯干与四肢相互协调能力的提高。

2.训练方法

做好蹲撑准备,稍向前移动身体,团身后滚,臀、腰、背向后依次着地,然后快速弯曲手臂,肘部抬起,手腕翻转放在肩上,头部着地时手撑地翻转回到蹲撑的准备姿势。

3.训练要求

动作要连贯,一气呵成。

（四）鱼跃前滚翻

1.训练目的

提高身体协调能力。

2.训练方法

准备姿势是屈膝半蹲,两臂向后举,做好该姿势后,向前摆动两臂,两脚蹬地跳起,身体腾空,腿和臀在同一水平高度。接着向前伸展两臂着地,手臂弯曲,头低下做前滚翻。

3.训练要求

腿蹬地起跳后腰部肌肉收缩保持适度紧张。

（五）模仿做对侧动作

1.训练目的

促进四肢协调能力的提升。

2.训练方法

教练徒手做一套操类运动,练习者在教练身后做和教练动作相反的一套操,动作相同,只是方向相反。

3. 训练要求

增加组合变化来提高练习难度。

（六）肩绕环

1. 训练目的

促进上肢协调能力的提高。

2. 训练方法

两脚左右分开，手臂充分向上伸展，手背向外；两臂分别向不同方向做绕环运动。

3. 训练要求

两臂绕环方向交替练习。

（七）纵跳

1. 训练目的

促进协调能力的提高。

2. 训练方法

并脚站立，两臂充分向上摆动同时两脚蹬地起跳，连续练习，向上跳、左右跳、前后跳、跳起转身等交替练习。

3. 训练要求

落地时注意缓冲与保护。

（八）单足跳

1. 训练目的

促进协调能力的提高。

2. 训练方法

行进中两腿交替起跳，为增加难度和训练效果，可规定腿上抬的高度。

3. 训练要求

注意呼吸的配合。

（九）单足跳与前摆

1. 训练目的

促进腿部协调能力的提高。

2. 训练方法

在上述练习的基础上加上前摆动作,单腿抬起后向前摆动,两腿交替进行起跳＋前摆的练习。

3. 训练要求

尽可能将腿抬到自己的最大高度。

（十）弹簧走

1. 训练目的

促进身体协调能力的提高。

2. 训练方法

重复做短距离的"弹簧步"练习,踝关节尽可能伸展,动作幅度尽可能大一些。

3. 训练要求

练习中以前脚掌着地。

（十一）蹬山走

1. 训练目的

促进身体协调能力的提高。

2. 训练方法

轻快地蹬山走,距离 20 米,练习中由脚尖着地过渡到脚跟,左、右踝关节连续伸展。反复练习。

3.训练要求

膝关节稍屈以缓冲冲击力。

（十二）交叉跳绳

1.训练目的

促进身体平衡及协调能力的提高。

2.训练方法

在正常跳绳的基础上两手交叉摇绳,每摇一两次,单足或双足跳长绳一次。

3.训练要求

逐渐增加每跳摇绳的次数。

（十三）全身波浪起

1.训练目的

提高各肌群的协调能力。

2.训练方法

双脚开立,先做直腿体前屈,然后依次进行向前跪膝(收腹、含胸、低头)、向前挺髋(收腹、含胸、低头)、向前挺腹(含胸、低头)、挺胸、抬头,成反的"S"形波动,两臂在体侧绕环。

3.训练要求

动作要柔和、顺畅。

以上锻炼方法可以进行组合练习。至少选择 5 个动作组合进行练习,其中至少有 2 个方向的变化。

（十四）协调类游戏训练

1.袋鼠跳

（1）训练目的。提高身体的灵敏性和协调性。

（2）训练方法。将练习者分成人数相等的两队,两队间隔一定距离成纵队站在起点线后。游戏开始,每队第一人听教练员信号,迅速跳进麻袋,双手提着麻袋口,用双脚跳跃前进,过折返线后钻出麻袋,提着麻袋跑回,交给本组第二人。第二人同第一人方法进行,依次类推,到最后一人跑回起点线结束,先完成的队获胜(图6-3)。

（3）训练要求。

①教练员发出信号后,练习者方可跳进麻袋。

②过折返线后方可钻出麻袋。

③交接麻袋须在起点线后进行,不得抛传麻袋。

④两队之间不得相互干扰。

图6-3　袋鼠跳

2. 横扫千军

（1）训练目的。提高身体的灵活性和协调性。

（2）训练方法。将练习者分成若干组,每组一个圆圈,分站在圆圈线上,每组选一人,手持绳索的无沙包一端,站在圆圈中心做好准备。游戏开始,持绳索者抡动绳索做圆周运动,横扫圈上练习者的膝部以下部位;当绳索经过练习者脚下时,练习者应立即跳起躲避绳索,如被绳索击中为失败,与抡绳索者交换角色,继续游戏(图6-4)。

（3）训练要求。

①绳索被抡动时,头端不应高于练习者膝部。

②圈上练习者不得用后退、跨越的方法躲避绳索。

③被绳索触及膝部以下部位即为失败。

图 6-4　横扫千军

3. 跳长绳

（1）训练目的。提高身体灵敏性、协调性和团结能力。

（2）训练方法。将练习者分成两组，每组先选出两名练习者摇绳，其他练习者陆续全部进入绳中，并连续跳绳，跳绳停摇为一局，每局以进入跳绳人数多或全部进入后跳绳次数多者为本局胜方，得 1 分。最后以积分多的组为胜（图 6-5）。

（3）训练要求。

①跳绳方法不限。

②跳绳被绊住时，由绊绳者接替摇绳者继续摇绳。

图 6-5　跳长绳

4. 点爆竹

（1）训练目的。提高身体的灵敏性和协调性。

（2）训练方法。练习者站成一个圆圈，一名练习者右臂前平举伸出食指，站在圆圈中间作"点炮人"。游戏开始，"点炮人"口中发出"呲……"的声音，同时沿顺（逆）时针转动表示爆竹已点燃，然后突然停止在任意一名练习者面前，并以右手指着对方。此时被指点的练习者应马上发出"砰"的声音表示炮已爆炸,而站其右侧的人立即用左手掩耳发出"叭"的声音表示回声,站其左侧的人立即用右手掩耳发出"哎哟"的声音表示受到惊吓。动作和声音发出不及时者为失败,应与"点爆竹"角色互换(图6-6)。

（3）训练要求。

①"点爆竹"人手势应果断、准确。

②声音和动作同时进行,若脱节则为失败。

③被指人和左右侧人发出的声音顺序不能颠倒。

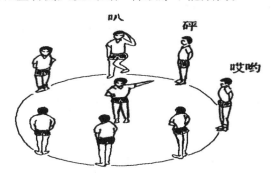

图6-6 点爆竹

5. 龙头捉龙尾

（1）训练目的。提高身体灵敏性和协调能力。

（2）训练方法。将练习者分成人数相等的两队,手扶(抱)住前面人腰的形式组成一路纵队,组成两条龙。游戏开始,龙头分别去捉对方的龙尾。每捉到1次得1分,得分多的队为胜(图6-7)。

图6-7 龙头捉龙尾

（3）训练要求。

①组成龙的人不得松手。

②不得阻挡对方的行动。

6．一加一投篮比赛

（1）训练目的。提高动作的协调性。

（2）训练方法。将练习者分成人数相等的两个队，各成一路纵队分别站在两个半场的罚球线后，排头手持篮球投篮，投中可再投一次；如第一次未投中则不可再投。排头投篮后传给本队第二人，然后自己站到队伍最后，依次类推，直至全队做完，累积投中次数多的队为胜（图6-8）。

（3）训练要求。必须站在罚球线后投篮。

图 6-8　一加一投篮比赛

7．空中接球

（1）训练目的。提高身体的协调性。

（2）训练方法。把练习者分成人数相等的两队，各自选定起跑点，标好标志，各成一路纵队排在助跑道两边。游戏开始，各队第一人自起跑标志加速助跑踏跳成腾空步，在空中接住迎面抛来的球，落地后再将球传给抛球者，其他队员依次进行。能在空中接住球得 1 分，累计总分多的队为胜（图6-9）。

（3）训练要求。落地时和落地后接住球者及未接住球者均不给分。

图 6-9　空中接球

8.传球比赛

（1）训练目的。提高身体的协调性。

（2）训练方法。将练习者分成人数相等的两队,成纵队分别面对本队圆圈站在传球线后。游戏开始,教练员发令后,排头快速跑到队前圆圈内拿起球,用上手传球的方法给本队排二传球,排二用同样方法传回给排头后跑至排尾,其他队员照以上方法依次进行,全队和排头传球一次后,排头把球放回原处,回到本队,拍本队排二的手后,站到排尾,排二则快速跑到圆内拾球同排头一样和本队队员每人传球一次……其他队员依次进行,先完成的队为胜(图 6-10[①])。

（3）训练要求。

①按规定方法和顺序传球。

②传球不得出圈过线。

③传失球必须自己拣回,重新开始。

图 6-10　传球比赛

[①]　武春红.浅析体育游戏在我院排球传球技术教学中的应用 [J].华章,2009（20）：74-81.

9. 发球得分

（1）训练目的。提高身体的协调性。

（2）训练方法。将练习者分成两组，各组人数相同，其中一组所有练习者站在本方场地端线后各持一球，另一组在场外拾球。持球组排头用正面上手发球的方式向对方号码区击球，球落到几号区得几分，其他练习者依次进行。两组轮换练习。累计分多的一组获胜（图6-11）。

（3）训练要求。

①按规定方法击球。

②球出界不计分。

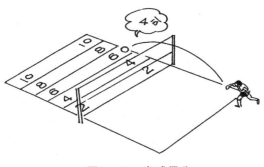

图 6-11　发球得分

二、游泳运动员专项协调能力训练

游泳运动要求运动员有良好的身体协调能力，因为游泳运动在水环境中进行，运动环境的特殊性使得运动员在游泳中对动作的控制变得复杂而难度大，要将游泳技术掌握好，控制好自己在水中的动作，就要加强协调性练习，形成良好的协调能力。游泳运动员在水中从平卧姿势开始完成一系列的游泳技术，这一姿势和陆上运动有很大的区别。运动员在游泳过程中动作面的保持情况直接影响其动作效果。游泳运动员的上下肢必须配合好，这又不同于陆上运动项目的手脚配合，水中手脚配合不是同步的，而陆上则须按一定的节奏完成手脚的左右交替配合。游泳运动员身体协调性的发展要与游泳技术特征相符，加强专项协调能力训练，以更好地掌握与发挥游泳技术。

游泳专项协调能力训练包括以下两个方面。

（一）基础训练

在陆上模仿游泳技术动作,包括手臂动作、腿部动作以及手脚配合动作,甚至要模仿水环境中的呼吸方式,促进基本协调能力的形成与提高,从而为在水中训练游泳技能奠定良好的基础。

（二）专门训练

游泳运动员要在水环境中进行专项协调能力训练,主要从以下两个方面进行训练与提升。

（1）在水中进行的游泳技术练习,包括分解练习、完整练习,重复不断地练习是为了熟练动作,达到自动化阶段,更好地控制身体姿势和动作。

（2）通过花样游泳、水中健身操等其他运动来提高水上运动能力,同时还可以专门设计水中协调动作、水中游戏,通过趣味性练习来提升水感和技能。

游泳运动员的动作控制能力和水中运动技能提升后,有助于实现协调能力的提升。

第三节　游泳运动协调素质训练注意要点

一、与游泳技术练习相结合

在游泳专项协调素质的训练中,要结合游泳技术进行练习,将游泳技术融入协调素质训练方法手段中,从而促进游泳运动员技术质量与身体协调性的同步发展。

二、坚持练习

游泳运动员要坚持不懈地进行协调性练习,在开始阶段主要训练一般协调能力,然后逐渐向专项训练过渡,最后将一般训练与专项训练结合起来,促进协调身体素质的整体发展。

三、克服肌肉过度紧张

游泳运动员做游泳动作需要相关肌肉群适度收缩,但如果不能及时放松肌肉,就会出现肌肉紧张的问题,这会对动作质量产生影响,使动作看起来僵硬不自然,同时也可能引起运动损伤。所以在协调性训练中要注意克服这一问题,肌肉该收缩时收缩,该放松时放松,这样能够避免不必要的耗力。

四、提高"空间感"和空间准确性

对动作空间的准确判断能力是很多项目都要求运动员具备的能力,游泳运动同样如此,只有运动员具备这一能力,才能根据判断准确用力。因此,在游泳协调性训练中要注意对运动员一系列"空间感"("距离感""水感""速度感")和空间准确性的培养。

五、提高保持平衡的能力

身体姿势稳定是提高动作质量的前提,因此保持平衡的能力非常重要。对游泳运动员来说,平衡与协调这两项能力密不可分,相辅相成,所以要在协调训练中注意平衡的保持。

第七章　游泳柔韧素质训练与提高

　　游泳运动的体能素质中,柔韧素质也是非常重要的内容之一。游泳运动是需要人体在水中以滑动的形式向前游进的,因此,良好的身体柔韧性,对于游泳运动是有利的。要提升游泳运动员的柔韧素质,就要采用科学合理的训练方法和手段,并且控制好训练的负荷。本章就对柔韧素质训练的基本理论,以及游泳运动的柔韧性训练以及训练过程中的注意要点进行分析和阐述,从而对游泳柔韧素质的训练和提高起到科学的指导作用。

第一节　柔韧素质训练概述

一、柔韧素质的概念与作用

　　柔韧素质,就是人体各个关节活动范围及肌肉、韧带的伸展能力,也可以将其理解为人体一定关节大幅度完成动作的运动能力。

　　柔韧素质,可以从两点来进行深层次的理解:一个是关节活动幅度的大小;另一个是髋关节的肌肉、肌腱、韧带等软组织的伸展性。

　　柔韧素质的作用也是非常重要的,在很多方面都有所体现,对游泳运动员体能水平的提升也有帮助(表7-1)。

二、柔韧素质的类型划分

　　(一)按照与专项的关系划分

　　按照这一标准,柔韧素质的类型有以下两种,这也是最常见的柔韧素质类型划分方式。

表 7-1　柔韧素质的作用

运动性牵拉作用	运动时关节的活动幅度
	运动的准确性、经济性
	降低运动损伤
	保持肌肉的良好功能（弹性、爆发力等）
	预防肌肉僵硬及股肉劳损

1. 一般柔韧素质

一般柔韧素质，就是指与一般身体、运动技战术等需要相适应的柔韧素质。一般柔韧素质包含的内容较为丰富，其中，身体最主要关节的活动能力也是重要内容之一。

2. 专门柔韧素质

专门柔韧素质，就是指专项运动所需要的特殊柔韧素质。一般柔韧素质是专门柔韧素质的基础，与不同的运动项目有着密切的联系。

（二）按照完成训练的动作方式划分

按照这一标准，柔韧素质的类型有以下两种。

1. 主动柔韧素质

主动柔韧素质，就是指运动员依靠相应关节周围肌肉群的积极工作，完成大幅度动作的能力。

2. 被动柔韧素质

被动柔韧素质，指的是借助外界的力量使身体各关节的灵活性达到最大程度的一种能力。

（三）按照表现形式和身体状况划分

按照这一标准，柔韧素质的类型有以下两种。

1. 静力性柔韧素质

静力性柔韧素质，指的是以静力性技术动作的需要为依据，肌肉、肌腱、韧带等软组织拉伸至动作所需的位置角度，并能够控制其停留一定时间所表现出来的一种能力。

2.动力性柔韧素质

动力性柔韧素质,就是指以动力性技术动作的需要为依据,肌肉、肌腱、韧带等软组织拉伸至解剖学所允许的最大限度,随后再利用强有力的弹性回缩力完成技术动作的一种能力。动力性柔韧素质是在静力性柔韧素质的基础上发展的。

三、柔韧素质训练中的拉伸

运动员柔韧素质的发展,是需要经过各种拉伸训练才能实现的。下面就对拉伸进行分析和阐述。

(一)拉伸的概念与作用

拉伸,是一种有目的性和针对性地选择影响的技术和姿势进行牵拉,要保证训练的科学性。

拉伸本身有着非常显著的作用,体现在以下两个方面。

(1)通过拉伸,能够使肌肉、肌腱、韧带和神经的协同工作能力得到有效提升。

(2)通过拉伸,能使运动员的肌肉力量快速增长。

(二)功能性拉伸训练的安全细则

由于拉伸具有一定的危险性,因此,熟悉并掌握拉伸训练的安全细则,保证拉伸训练的安全性至关重要。

(1)拉伸训练前要进行充分的热身运动。

(2)拉伸时,要保证用力均匀。

(3)拉伸时,要把握好度。

(4)拉伸的强度要适宜,拉伸强度的增加要遵循循序渐进原则。

(5)拉伸时,一定要配合正确的呼吸动作。

(6)拉伸的体位要保持正常姿态。

(7)静力性拉伸之后,切忌爆发力训练。

(8)在瑜伽垫等柔韧固定的表面上进行拉伸训练。

(9)主要采用坐姿、俯卧和仰卧的拉伸姿势。

(10)要保证拉伸动作的正确性。

（三）拉伸训练的内容与分类

拉伸训练包含的内容非常丰富，身体不同部位的不同形式的拉伸都属于这一范畴。通常，拉伸的部位主要是大关节周围的大肌肉群，按拉伸类型分类，可以将拉伸训练方法分为静力拉伸、弹性拉伸等。另外，根据是否有人协助，也可以将拉伸训练方法分为主动性拉伸和被动性拉伸（表7-2）。

表7-2　拉伸分类

拉伸种类	按是否有人协助	主动性拉伸（独立完成，瑞士球或助力带等）
		被动性拉伸（教练员和运动员相互配合，较少对器材的要求）
	按拉伸类型	静力拉伸
		弹性拉伸
		本位感受性神经肌肉促进法（PNF牵张法）

1. 主动性拉伸

主动性拉伸，就是指运动员依靠自己的力量，通过各关节及其相关肌肉的主动收缩，来改善关节灵活性和肌肉伸展性的方法。

主动性拉伸又可以分为主动性动力拉伸和主动性静力拉伸。

主动性静力拉伸的主要作用体现在肌肉、韧带等伸展性的发展上。主动性静力拉伸的特点表现为：训练强度较小，且动作幅度较大，有助于节省体能，无须专门训练场地和训练器械，简单易行。

2. 被动性拉伸

被动性拉伸，就是指运动员借助外力或同伴的作用，帮助进行伸展的训练。其又可以分为被动性动力拉伸和被动性静力拉伸。

3. 静力拉伸

静力拉伸是指一种缓慢的、稳定的、在拉伸的止点停留一定时间的拉伸方法，也可以将其理解为，是在一定时间内，固定在一定范围内的伸展运动。静力拉伸具有显著的特点：动作缓慢；会有不适感产生；没有疼痛感；肢体运动的幅度比较小。在进行静力拉伸的训练时，需要对准备活动中静力拉伸和动态拉伸的比例和前后顺序加以掌握。

4. 弹性拉伸

弹性拉伸,是指在关键幅度末端,无间歇地反复弹性牵拉活动,使关节活动力度增加。弹性拉伸的特点会引起肌肉酸痛、疼痛,甚至肌肉损伤;也可能是弹性牵拉激活牵张反射。需要强调的是,弹性拉伸属于不提倡的拉伸技术。

第二节　游泳运动的柔韧性训练

对于游泳运动来说,运动员的柔韧素质和关节灵活性是至关重要的,否则,动作的幅度以及完成动作的效果都无法实现和保证。因此,发展游泳运动柔韧素质和关节灵活性是非常重要且必要的。

一、游泳运动的柔韧素质特征

游泳运动员的柔韧素质会影响到游泳动作的幅度、动作的效果,从而进一步对游进速度产生影响;游泳运动员肩关节柔韧素质和灵活性则会对游泳手臂动作质量产生影响;踝关节跖屈和脚掌外翻的程度则会对腿动作效果产生直接的影响。

游泳专项柔韧素质的发挥也会受到一些因素的影响和制约,比如,动作放松就是重要的影响因素之一,如打腿动作,即便是用力也是通过鞭状动作完成的。鞭状动作最大的特点就是要求各关节动作放松,产生力的传导、加速,使末端脚掌产生最大的加速度,并形成良好的对水动作面,这就对踝关节柔韧性和灵活性提出更高要求。[1]

二、游泳运动柔韧素质训练效果的影响因素

游泳运动柔韧素质训练效果受到很多因素的影响,其中,较为主要的有以下几点。

---

[1]　陈岩.游泳运动学与练 [M].北京：人民体育出版社,2011.

（一）年龄因素

柔韧发展效果与年龄成反比关系，小的时候进行柔韧素质训练，能有效缩短柔韧素质的降低速度，对于游泳运动是有利的。柔韧发展水平与力量水平成不确定的反比关系，一般认为少年儿童在 10 ～ 14 岁期间是发展柔韧性的最佳时机。

（二）时间间隔

柔韧素质训练的时间并不是越多越好，通常，隔天训练一次是最为理想的状态，间隔时间长会使柔韧水平下降。

（三）关节肌肉、韧带、肌腱的伸展范围和弹性

肌肉活动中的收缩与放松的协调能力，都会对游泳运动员的柔韧素质产生影响，要加以重视。

（四）肌肉中微纤维增多

大负荷、高强度的训练使部分肌纤维损伤，由此便导致了肌肉中微纤维的产生。通常，会通过深度按摩的方式来达到消除肌肉中微纤维的目的。

（五）温度因素

肌肉在适宜的温度中，往往能处于放松的状态，如此，对于肌肉弹性、关节韧带的伸展程度和关节囊的润滑的提升都是有利的。在这样的条件下训练和发展柔韧素质，通常都能取得理想的效果，且受伤概率会大大降低。在此基础上发展柔韧，不但效果好，而且不易受伤。如果肌肉处于温度过低的条件下，则往往会处于紧张状态，关节僵硬，如此便不能将柔韧水平充分发挥出来，柔韧训练也不能取得理想的训练效果。

三、柔韧素质和关节灵活性训练提升的方法与手段

（一）发展柔韧性和提高关节灵活性的方法

1. 发展柔韧素质的训练方法

（1）动力牵拉。动力牵拉，就是指有节奏的、速度较快的、幅度逐渐加大的多次重复一个动作的拉伸方法。也可以将其理解为，用很快的速度和较大的力量使关节活动到最大幅度。注意在用这一方法进行游泳运动柔韧素质训练时，用力不宜过猛，幅度要由大到小，从而避免拉伤。每个练习重复 5 ~ 10 次。

（2）静力牵拉。静力牵拉是轻柔缓慢地将关节移到最大活动范围内，将肌肉、肌腱、韧带拉伸到一定酸、胀、痛的感觉位置并略有超过，然后停留一定时间的练习方法，与动力牵拉正好相反。通过这种方法进行柔韧素质训练，能有效减少或消除超过关节伸展能力的危险性，防止拉伤。由于拉伸缓慢不会激发牵张反射，一般要求在酸、胀、痛的位置停留 5 ~ 60 秒，重复 6 ~ 8 次。

（3）被动牵拉。被动牵拉是静力牵拉的一种，由他人施加一个压力，即靠同伴的帮助或负重借外力的拉伸使活动幅度增大。但是有一点要注意，外力应与游泳运动员被拉伸的程度相适应。

（4）慢速动力拉伸。慢速动力拉伸是用较慢的速度进行动力拉伸，可与静力牵拉结合进行，当关节移到最大幅度时，至少静止 5 秒钟。

（5）收缩—放松法。收缩—放松法是以神经肌肉的本体感受器特征为依据发展起来的。

不管采用哪种训练方法，一定要注意牵拉的程度，因为这比牵拉的方式更为重要，尤其强调的是动力牵拉和被动牵拉潜在的危险性较大，应尽量避免。

2. 提高关节灵活性的方法

关节灵活性与关节柔韧性之间的关系是非常密切的，但是两者之间不是等同的关系，也不能相互代替。尽管关节柔韧性能使关节活动幅度有所增加，但是，却不能解决关节灵活性问题。

对关节灵活性产生影响的因素有很多，其中，起到决定性影响的有髋关节肌群韧带的伸展程度、关节活动时参与工作肌群的紧张与放松的

协调一致以及关节活动的频率。游泳运动对关节灵活性的要求是全身性的,但就运动特点而言,对肩、踝、膝、腰关节的灵活性要求更高。

(二)发展柔韧素质和关节柔韧性的手段

发展游泳运动柔韧素质的常用训练手段有很多,具体如下。

1. 上肢柔韧素质训练手段

(1)个人训练(图 7-1)。

图 7-1　上肢柔韧素质训练之个人训练

(2)他人辅助训练(图 7-2)。

图 7-2　上肢柔韧素质训练之他人辅助训练

图 7-2　上肢柔韧素质训练之他人辅助训练（续）

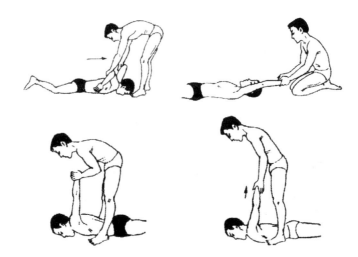

图 7-2　上肢柔韧素质训练之他人辅助训练（续）

2. 下肢柔韧素质训练手段

（1）踝关节柔韧素质与关节灵活性训练(图 7-3)。

图 7-3　踝关节柔韧素质与关节灵活性训练

图 7-3　踝关节柔韧素质与关节灵活性训练（续）

（2）膝、髋关节柔韧素质与灵活性训练(图7-4）。

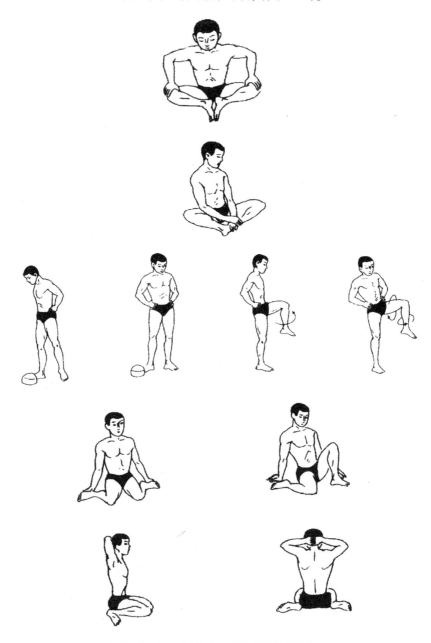

图7-4　膝、髋关节柔韧与灵活性训练

图 7-4　膝、髋关节柔韧与灵活性训练（续）

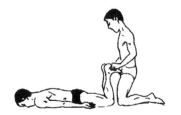
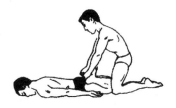

图 7-4　膝、髋关节柔韧与灵活性训练（续）

3.腰腹部柔韧素质训练手段

（1）个人训练(图 7-5)。

图 7-5　腰腹部柔韧素质训练之个人训练

（2）他人辅助训练(图 7-6[①])。

图 7-6　腰腹部柔韧素质训练之他人辅助训练

4. 其他训练手段

除了上述这些柔韧素质的训练手段外,游泳运动员常用的柔韧训练手段还有表 7-3[②] 所列。

表 7-3　常用的柔韧训练手段

手段	具体内容
利用器械	利用肋木、把杆、单杠、跳马、平衡本、吊环等体操房器械, 或利用木棍、绳、橡皮筋等轻器械
进行阻力、助力练习	利用同伴的助力、负重进行外部的阻力练习, 或利用自身所给的助力或自身体重进行练习 (如压腿、悬垂等)
常采用的动作	压、吊、摆、踢、劈、绕环、前屈、后仰、转等

每次训练前后应安排 10 ～ 20 分钟的牵拉练习,这对运动员在游泳专项训练时增大动作幅度与进技术都是非常有利的。这里有一点要注意,建议静力牵拉和收缩—放松牵拉持续 6 ～ 60 秒,因为训练效果可能达到活动范围极限在开始数秒时就已经产生,过长的牵拉可能是浪费时间。每次练习可进行 3 ～ 6 组,每组 10 ～ 15 次。

① 全国体育院校教材委员会 . 游泳运动 [M]. 北京: 人民体育出版社, 2013.
② 王向宏 . 体能训练力量与方法 [M]. 北京: 北京航空航天大学出版社, 2010.

第三节　游泳运动柔韧素质训练注意要点

一、做好充分的准备活动和放松练习

肌肉的伸展性与肌肉的温度有关,在柔韧素质训练开始之前,首先要做好充分的准备活动,从而使肌肉的温度提高,降低肌肉内部的黏滞性,避免肌肉拉伤的发生,柔韧素质训练的效果也会得到保证。

柔韧素质训练结束后,要做好整理活动,以达到良好的放松效果,使身体尽快得到恢复。在每个伸展练习后,都应做好与动作方向相反的放松练习,使供血供能机能加强,有助于伸展肌群的放松和恢复。

二、训练不能急于求成,要循序渐进、持之以恒

肌肉、韧带等的拉伸和长长,并不是短时间就能达成的,因此,进行柔韧素质训练,一定不能急于求成,要逐步提高,避免肌肉、韧带拉伤。

三、柔韧训练要与专项相结合,并做到因人而异

游泳柔韧素质训练,必须要与游泳专项特点相结合才行,因为只有这样,所提升的柔韧素质才能对游泳运动产生积极的影响,才是有意义的。游泳运动员主要要求踝关节和躯干的柔韧性,因此,这就是游泳运动员柔韧素质训练的重点所在。

四、柔韧素质训练方法要科学

（一）静力拉伸训练注意事项

（1）静力拉伸训练时要循序渐进,肌肉韧带的拉伸长度与关节活动范围的加大要逐渐进行,才能保证理想的训练效果。

（2）静力拉伸训练要控制量,不宜过多,因为过多地采用静力拉伸,容易使肌肉失去弹性,使肌肉的牵张反射能力下降。

（二）动力拉伸训练注意事项

（1）动力拉伸训练时，拉伸动作幅度、用力程度以及用力速度要由小到大，由慢到快，以防肌肉拉伤。

（2）在发展一般柔韧性的基础上，尽量运用与专项技术接近或相类似的动力拉伸练习。

（3）动力拉伸训练要与静力拉伸方法交替使用，使其有良好的迁移，提高柔韧训练的效果。

五、柔韧素质要与其他素质结合进行训练

身体素质在发展过程中，并不是单独进行的，各个身体素质之间的发展是相互影响且相互之间有转移现象的，各种身体素质之间的关系也会因为运动器官的生长发育而受到一定的影响。所以，这就要求将柔韧素质训练与其他身体能力的训练结合起来，使它们相互促进，共同发展。需要注意的是，通过有效的方法和手段，把柔韧素质训练与力量素质训练结合起来，或合理地安排柔韧素质训练与力量素质训练的顺序和比例，使两者的配合能达到最好的配合协调效果。

六、柔韧素质训练要保证适宜训练时间

一天中可以进行柔韧素质训练的时间没有特殊要求，只不过不同时间段训练的效果是有差别的。但就人体本身而言，早晨机体由于没有适当运动，柔韧性明显较低，下午，经过一定的活动，机体表现出良好的柔韧性。根据人体这一特征安排柔韧训练时间，可起到事半功倍的效果。

第八章 游泳体能训练的科学保障体系研究

随着游泳运动的不断发展及体能训练科学化的逐渐深入,医务监督显得越来越重要。应用各种医学保健方法和手段帮助游泳运动员进行科学的体能训练,可以很好地解决运动员的营养、疲劳、伤病等问题,为提高游泳运动员的体能训练效果提供科学保障。本章主要就游泳体能训练的科学保障体系展开研究,主要内容包括游泳体能训练的营养补充、疲劳与恢复、伤病康复以及自我监督。

第一节 游泳体能训练的营养补充

一、营养在游泳体能训练中的作用

营养是影响运动员体适能和运动能力的重要因素,在维护运动员健康、提高运动员身体机能和运动素质、防治常见运动疾病以及提高运动员训练比赛成绩方面具有非常重要的作用。因此,运动员进行体能训练必须重视科学合理的营养补充。

游泳运动的环境和其他项目相比较为特殊,水的阻力是游泳运动员在水中进行专项体能训练必须克服的一个障碍,也因为这一阻力的存在,游泳运动员要消耗很大体力(表 8-1[①]),而且训练强度、训练量都比较大。由于游泳运动的特殊性,运动员机体在体能训练中会发生一系列变化,如物质代谢加强、能源物质大量分解、激素分泌增加、酸性代谢产物堆积等,这就要求运动员必须加强营养补充来应对机体内环境的变化。科学膳食、合理营养对游泳运动员的意义主要表现为:促进机体内环境的稳定,对器官系统功能进行调节,促进心肺耐力的提升,延缓疲

---

① 全国体育院校教材委员会.游泳运动 [M].北京:人民体育出版社,2001.

劳与加快恢复等,这些作用累积起来最终能够促进游泳运动员体能素质以及整体竞技能力的提升。

表 8-1　泳运动的热能消耗率

游速/（米·分钟$^{-1}$）	每分钟热能消耗/（焦·千克$^{-1}$）
20	0.0708
50	0.1700
60	0.3500
70	0.4300

二、游泳运动的特点与运动员营养要求

（一）水温

游泳运动员在水中进行体能训练时,水的温度比机体温度低,水的传热能力又远远高于相同温度空气的传热能力,运动员在水中大量散热,能量消耗很大,所以游泳运动员必须补充大量的能量来满足机体所需。

（二）游速

游泳运动员在水中游泳要克服水的阻力,游泳速度越快,就要克服越大的阻力,也会有越多的能量消耗。这也是游泳运动员在体能训练中要加强能量补充的重要原因之一。

（三）代谢特点

兼具速度性与耐力性于一体的游泳项目对游泳运动员的速度素质、耐力尤其是速度耐力提出了很高的要求,游泳运动员在体能训练中的营养补充也要符合这一特征。

在短距离游泳项目中,运动员机体能量代谢快,由无氧糖酵解供应能量,短时间内就会在体内堆积很多酸性代谢产物,所以补充碳水化合物很重要。此外对蛋白质和磷的补充也不可忽视,以此来满足神经系统和肌肉代谢需求。

中长距离游泳项目中,运动员在较长时间的运动中消耗较多热能及其他营养,有氧氧化是主要供能方式,主要靠脂肪物质供能,运动过程

中消耗大量肌糖原,蛋白质加快分解,氨基酸迅速向葡萄糖转变,这些代谢特征决定了中长距离项目的游泳运动员在体能训练中要重点补充铁、维生素 C、维生素 B_2、蛋白质,此外其余营养素也要适量补充。

三、游泳运动员补充营养的要点

(一)热量平衡

人类进行所有活动都离不开热量。游泳运动员消耗多少能量就要补充多少能量,运动员的训练时间、强度都会影响其消耗能量的多少,一般要根据训练情况来确定摄入多少热量,通常游泳运动员每天需要补充热量 4 700 千焦。

(二)食物体积小,易消化

之所以要选择体积小和容易消化吸收的食物,是为了避免游泳运动员的消化系统承受太大的负担。体能训练非常辛苦,运动员在长时间的运动负荷下易疲劳,消化功能也会退化,所以不适宜吃不易消化的食物。

(三)营养补充比例适当

碳水化合物、脂肪和蛋白质被称为"三大营养素",它们是机体活动的主要能量来源。游泳运动员机体的代谢情况与工作能力会受到其膳食中三大营养素比例的影响。如果能量来源中的三大营养素比例适宜(4.1∶1∶1),其机体工作能力会有所提升,也利于促进机体代谢。此外,酸碱平衡也是游泳运动员膳食中需要注意的一个问题。

(四)无机盐和微量元素充足

游泳运动员身体机能和运动能力的提高离不开钙、钾、镁等无机盐与微量元素的支持。无机盐的作用主要是促进机体内环境稳定,微量元素的作用主要是促进人体代谢。游泳运动员补充无机盐,以磷为主;补充微量元素,以铁为主。

（五）维生素充足

维生素可以调节物质代谢,这是游泳运动员需求量较大的一类营养素,充分补充维生素不仅可以弥补机体在训练中因代谢加快而大量消耗的能量,而且能够促进机体工作能力的改善,进而对训练成绩的提高有所帮助。

（六）膳食制度合理

为了使生理机能保持良好状态,充分吸收营养,促进机体健康和机体工作能力的提高,游泳运动员必须科学合理地摄取食物,饮食有节制、有规律,远离酒精和对机体有刺激的食物。

第二节　游泳体能训练的疲劳与恢复

一、运动疲劳概述

（一）运动疲劳的概念

运动疲劳指的是机体生理过程不能持续其机能在一特定水平或各器官不能维持预定的运动强度的现象。[1]

（二）运动疲劳的机制

1. 能源衰竭学说

能源衰竭学说认为,机体之所以会产生疲劳,是因为在运动过程中体内能源物质大量消耗且没有及时补充。实验证实,能源物质大量消耗是引起运动性疲劳的直接原因。

2. 突变理论

突变理论中从三维观点出发描述运动性外周疲劳的发生机制。该

---

① 杨翼,李章华.运动性疲劳与防治[M].北京:北京体育大学出版社,2008.

理论指出,在能量消耗和兴奋性下降的过程中,突变峰是客观存在的,表现为能量急速下降,兴奋性骤然崩溃,在拯救能量储备下降的过程中不断产生一些灾难性的变化,其中包括力量和输出功率的变化,如图8-1[①]所示。

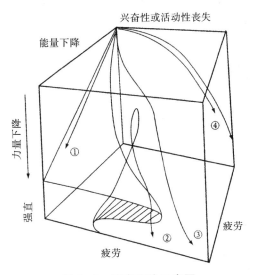

图 8-1　突变理论示意图

突变理论采用综合分析的手段对运动时机体能源物质的消耗、肌肉兴奋性的改变和肌肉力量的下降等进行分析。运动疲劳是在这些因素的变化达到一定程度时表现出来的,这能够有效避免机体衰竭。

3.疲劳链学说

疲劳链学说指出,疲劳链中一个或几个因素的发生和发展会引起肌肉功能下降,从而引起疲劳。运动疲劳链中包括运动时肌肉乳酸堆积、肌糖原消耗、血糖下降等主要环节,这些都与运动性疲劳有关。

肌肉收缩链的调控和肌肉疲劳可能机制如图8-2[②]所示。

(三)运动疲劳的表现

运动疲劳的表现如表8-2所示。

① 杨翼,李章华.运动性疲劳与防治 [M].北京:北京体育大学出版社,2008.
② 同①.

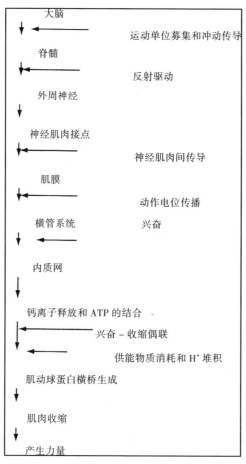

图 8-2 肌肉收缩链的调控和肌肉疲劳机制

表 8-2 不同程度运动疲劳的表现

内容	轻度疲劳	中度疲劳	重度疲劳
自我感觉	无任何不舒服	疲劳、腿痛、心悸	除疲乏、腿痛、心悸外，尚有头痛、胸痛、恶心甚至呕吐等征象，且这些征象持续相当一段时间
血色	稍红	相当红	十分红，苍白、有时呈紫红色
排汗量	不多	较多	非常多，尤其是整个躯干部分
呼吸	中度加快	显著加快	显著加快，并且呼吸表浅有时会出现节律紊乱
动作	步态轻稳	步态摇摆不稳	摇摆现象显著，出现不协调动作

二、游泳运动员消除疲劳的方法

游泳运动员在体能训练中若出现疲劳症状,要先采取措施促进机体恢复,避免过度训练,待机体恢复后再进行训练。现代运动训练理论指出,在运动训练过程中恢复已成为一个不可缺少的重要成分。对多种恢复方式的合理有效运用有助于促进运动员身体机能的改善,对运动伤病起到预防作用,还能促进运动寿命的延长和运动成绩的提升。

常见的消除疲劳及促进机体恢复的手段有以下几种。

（一）训练学恢复方法

在游泳体能训练中,教练员对体能训练内容、手段、强度、恢复方式等因素进行合理安排,以促进运动员机体恢复的方式就是训练学恢复方法。

（二）医学和物理学恢复方法

营养、理疗、按摩、针灸、药剂等是常见的医学和物理学恢复方法,在游泳体能训练中这类恢复方法发挥着重要作用,如图 8-3[①] 所示。

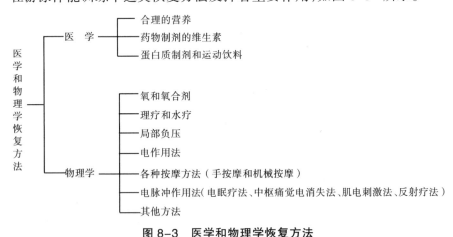

图 8-3　医学和物理学恢复方法

---

① 　全国体育院校教材委员会 . 游泳运动 [M]. 北京：人民体育出版社,2001.

（三）心理学恢复方法

心理学恢复方法近年来在竞技体育领域受到了普遍的关注，在训练和比赛后很多运动员采取这一方式来缓解神经紧张和心理压抑，以促进机体恢复，重新储存能量，最终促进训练水平和成绩的提升。

采用心理恢复手段还有助于在有机体组织中创造适宜的条件，以促进机体很好地吸收营养，促进能量合成。

心理学恢复方式有很多，如图8-4所示。

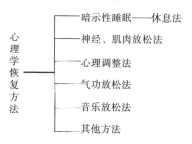

图8-4　心理学恢复方法

游泳运动员在体能训练后采取的消除疲劳和促进恢复的方式的效果如何，主要由训练中的供能方式和负荷特征所决定。需要注意的是，尽可能选用多种消除疲劳的方式或者在不同的训练阶段选择不同的恢复方式。如果在不考虑训练负荷特征和供能方式的情况下对一种恢复方式长期使用，那么很难达到理想的机体功能恢复效果，这主要是因为运动员机体具有"适应性"特征。国外有关实验发现，运动员在训练后初次采用电震颤按摩这一恢复方式时，其不仅恢复了原来的机能水平，而且运动能力有20%的增幅；但连续多次采用这一恢复方式后，运动能力的提升速度减慢，增幅逐渐下降。如果综合运用多种恢复方式，可以明显提升运用效果，有效促进机体恢复和运动能力的提升。

不同游泳运动员在体能训练后采取的恢复方式有所差异，要针对运动员的个人情况来设计和选用不同的机体恢复方法，但训练负荷是选用恢复方式时必须考虑的重要因素。如果训练中负荷量大，负荷强度大，那么适合采用温热疗法、全身性按摩方式，以发挥这些方式的整体作用，促进整个机体的恢复与放松。如果训练中主要是某个部位承受负荷，那么适合采用局部温热疗法、局部按摩等恢复方式，以促进承受负荷的肌肉群的快速恢复。

此外,还可以通过慢速游、肌肉伸展、慢跑、呼吸放松等轻松的活动来帮助游泳运动员缓解身心疲劳,促进机体恢复。这些恢复手段有一个相同的特征,即对运动员施加轻松的动力性负荷,在这些负荷的作用下,运动员肌肉中的血乳酸可以快速消除,恢复速度比一些静止性恢复方式发挥作用的速度快一些。

三、按摩的作用及手法操作

(一)按摩对促进机体恢复的作用

游泳运动员在体能训练前后都可以进行按摩放松,训练前按摩是为了"打开"关节,促进关节韧带功能的改善,使身体进入良好的准备状态,为协调完成训练动作打好基础。训练前适合采取揉捏、按等按摩手法,以增加关节活动范围。训练后按摩可促进身心疲劳的消除,促进身心放松,实现机能的良好恢复。在大强度训练后,按摩放松尤为重要,是运动员重点采取的一种恢复方式。训练后要针对不同的关节和肌肉进行相应按摩,尽可能均匀按摩身体各部位,常见手法如表8-3[①] 所示。

表8-3 身体各部位按摩手法

按摩部位	时间/分钟	手法							
		轻按摩	重按摩	撩摩	揉捏	局部抖动	振荡或抖动	叩击	运拉
背	10	√	√	√	√	√		√	
颈	2.5	√	√	√	√	√	√		√
上臂	5	√	√		√	√			
前臂和手	4	√		√	√	√			√
胸	5	√	√	√	√				
大腿	4	√	√	√	√	√			
小腿	2	√	√						
踝关节	1	√		√					
腹部	2.5	√							
骨盆	2.5	√	√	√	√	√		√	

① 全国体育院校教材委员会.游泳运动[M].北京:人民体育出版社,2001.

运动员在体能训练中肌肉处于不同程度的紧张状态,在对运动员承受负荷的能力进行评价时,其肌肉是否可以适当放松是一个重要参考。因此,游泳运动员在体能训练过程中要能灵活控制肌肉紧张收缩与放松,掌握快速放松肌肉的方法,以预防在训练中出现疲劳症状。

在水中进行专项体能训练后,可以在池边做按摩放松练习,配合呼吸,以促进疲劳、胀痛症状的快速消除和肌肉弹性的良好恢复。

体能训练后采用按摩放松法来消除疲劳和促进恢复时,要掌握好正确的操作方式,运动员先保持一个舒适的体位,然后放松要按摩的部位,如果按摩部位处于紧张状态,则会影响按摩手法的实施和作用,也会对血液循环造成阻碍。在训练后的按摩放松方式中,牵拉按摩的作用非常大,操作起来简单方便。例如,针对上肢部位采用牵拉按摩方法帮助放松,具体操作方式有以下几种。

（1）单臂屈肘平举颈后牵拉。

（2）单臂屈肘向上向颈后牵拉。

（3）单臂屈肘向上向颈后推搓。

（4）两臂向上向颈后交叉。

（5）两臂向上提拉。

（6）两臂向后抱臂牵拉。

（二）常见按摩手法

下面具体介绍一些常见按摩手法及操作方式,以供游泳运动员科学选用。

1. 按

用手指、掌的不同部位或肘尖有节律、有弹性地垂直按压体表的一种手法(图 8-5[①])。

2. 揉

（1）掌揉法。手掌、掌根、大小鱼际在皮肤上做圆形揉动,手掌始终贴在皮肤上,如图 8-6 所示。

---

① 　姚鸿恩.体育保健学 [M].北京：高等教育出版社,2006.

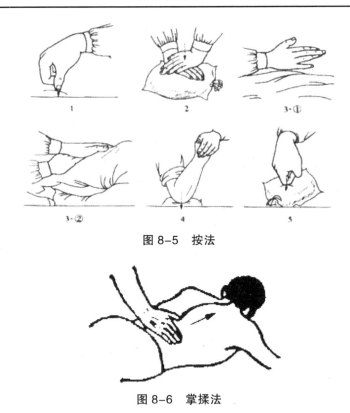

图 8-5　按法

图 8-6　掌揉法

（2）指揉法。用拇指指腹贴在按摩部位回旋揉动。狭小部位或穴位处的按摩适合采用这一手法。

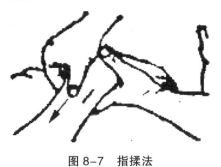

图 8-7　指揉法

3. 切

拇指指端从肿胀部位的远心端向近心端切压皮肤,手法轻巧而密集,用力轻而缓慢,如图 8-8 所示。

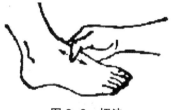

图8-8　切法

4.叩打

（1）轻拍。双手半握拳,掌心向下对按摩部位交替拍打。拍打时两手力量均匀,手腕放松发力,如图8-9所示。

图8-9　轻拍

（2）叩击。双手半握拳,用拳的尺侧面对按摩部位交替叩打。叩击时双手力量均匀,手腕放松,肘发力,如图8-10所示。

图8-10　叩击

（3）切击。手指伸直张开,用手尺侧切击按摩部位。注意力量均匀,肘发力,如图8-11所示。

图8-11　切击

5. 运拉

（1）颈部运拉法。一手将头颈扶住，另一手将下颌部托住，轻轻地做左右旋转和前俯后仰的屈伸活动，如图 8-12 所示。

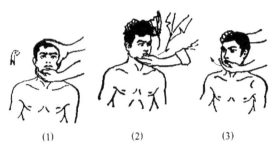

图 8-12　颈部运拉

（2）肩关节运拉法。一手握肘部，另一手按在肩上，做肩关节的屈与伸、内收与外展、内旋与外旋等活动，如图 8-13 所示。

图 8-13　肩关节运拉

（3）上肢运拉法。一手从背侧握住手或腕，使上肢外展；另一手将同侧肘托住，双手共同用力，先使前臂内旋、屈腕、屈肘，并从外向内推肘，使上臂在肩关节处环转；然后使上肢伸直，如图 8-14 所示。

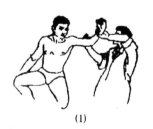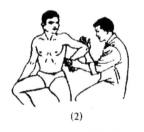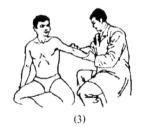

图 8-14　上肢运拉

（4）腕关节运拉法。一手将腕关节上部握住,另一手将手的四指握住,做屈与伸、环转等活动,如图8-15所示。

图8-15　腕关节运拉

（5）指关节运拉法。一手将手掌握住,另一手将指端捏住,做屈与伸、环转等活动,如图8-16所示。

图8-16　指关节运拉

（6）髋关节运拉法。一手握踝关节上部,另一手按在膝关节上,使膝关节的弯曲保持锐角,做由外向内或由内向外的活动,同时髋关节适当伸、屈,如图8-17所示。

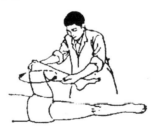

图8-17　髋关节运拉

（7）膝关节运拉法。一手固定股部下段,另一手将同侧足部握住,做膝关节屈与伸的活动,在膝关节处于90°位时,做小腿旋内、旋外活动,如图8-18所示。

图 8-18　膝关节运拉

（8）踝关节运拉法。一手握小腿下部，另一手握足，做屈、伸、内翻、外翻和环转等活动，如图 8-19 所示。

图 8-19　踝关节运拉

6. 抖动

（1）肢体抖动。双手将肢体末端握住，左右或上下快速抖动，速度由慢而快，再由快而慢，振幅不宜太大。上肢、下肢抖动如图 8-20、图 8-21 所示。

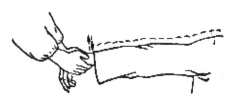

图 8-20　肢体抖动（一）

图 8-21　肢体抖动（二）

（2）肌肉抖动。用掌、指轻轻抓住肌肉进行短时间快速抖动,如图 8-22 所示。

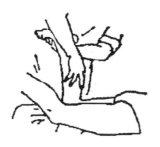

图 8-22　肌肉抖动

第三节　游泳体能训练的伤病康复

一、游泳体能训练中的常见损伤与处理

游泳体能训练中可能发生以下运动损伤。

（一）擦伤

在游泳池边走、跑时,以及入水后身体与池底发生摩擦时都容易擦伤皮肤,如臀部擦伤、四肢擦伤、背部擦伤、肩部擦伤等。不管任何部位擦伤,都要停止训练,以免伤口部位有细菌随池水进入。对于擦伤的处

理,要视擦伤部位的面积大小而定。

如果擦伤面积小,没有包扎的必要,局部涂抹药水即可,要正确选择药水或药膏,如紫药水不能用来涂抹面部,消炎软膏可用于涂抹关节附近。需要注意的是,如果受伤部位在关节附近,暴露治疗是不可取的,否则伤口干裂或伤口感染会对关节活动及整个训练造成影响。

如果擦伤面积大,处理方式分三个步骤:一是对伤口进行冲洗处理,二是在伤口处缠上消毒纱布,三是用绷带包扎。

（二）挫伤

挫伤是闭合性损伤,身体受到钝力的作用可造成该损伤的发生。对于挫伤的处理要视轻重程度而定。

轻者伤处疼痛、肿胀,需要局部冷敷和休息。重者剧烈疼痛,肿胀明显,皮肤呈青紫色,不仅要局部冷敷、休息,还要将中药包敷在患处,进行包扎处理,包扎后患处抬高,定期服药,48 小时后采用理疗和按摩的方式帮助恢复。如果症状严重到出现了骨折,应即刻送医治疗。

（三）肌肉拉伤

游泳运动员在陆上进行柔韧性训练时,如果没有做好充分的准备,肌肉伸展度较小,在这种情况下转踝、压腿、跪腿是很容易发生肌肉拉伤的,主要症状是伤处疼痛、肿胀、发硬。对于这类损伤,可以采用冷敷、牵拉等方式处理,如用冰袋局部冷敷患处;通过牵拉训练促进恢复,预防受伤肌肉抽筋。

需要注意的是,运动员肌肉拉伤与其肌肉力量不平衡有一定的关系,所以专门训练弱势肌肉的力量很有必要,可以预防肌肉损伤和韧带拉伤。

（四）膝关节损伤

蛙泳运动员在体能训练中如果没有恰当用力,使关节内侧副韧带的工作强度过大,则会导致膝关节内侧副韧带损伤。这类损伤的出现比较突然,但伤后治疗相对容易一些。伤后要停止训练,待膝关节功能恢复正常后再训练,是否需要就医要依严重程度而定。

为了预防这类损伤发生,在训练前准备活动一定要做充分,还要适当按摩即将工作的肌肉,平时要注意多训练下肢力量,大腿内侧肌群是重点训练部位。

（五）关节韧带扭伤

游泳体能训练中,膝、踝关节容易扭伤,多与蹬腿技术有误、用力不当、负荷过重等原因有关。受伤后局部肿胀、疼痛,关节不能自由活动,牵拉患处时会有明显的疼痛感。

游泳运动员关节韧带受伤后,暂停体能训练,先用冰袋冷敷患处,再进行包扎处理,两天后适当按摩,配合物理疗法效果更好。症状减轻后,适当进行功能性锻炼活动,以尽快恢复关节韧带的功能,但要时刻观察伤处的症状变化,恢复性训练是在不使受伤部位症状加重的前提下进行的。

二、游泳体能训练中的常见疾病与治疗

（一）游泳性结膜炎

游泳性结膜炎是游泳运动中比较常见的一种眼病,导致这种疾病的原因是有患者在游泳池内散布病毒,训练者眼内有病毒侵入或者训练者眼部长期与水中的化学物质接触。这类运动性疾病从发病开始需要数周甚至数月才能完全康复。

游泳性结膜炎的症状是眼部红肿,有针刺感,遇光、风易流泪,情况严重时还有其他症状,如身体发热、疲倦虚弱、头痛、咽痛、没有食欲等。患者应专门为自己准备洗漱用具,不与他人共用,使用专治红眼病的眼药水或抗生素。红眼病是可以预防的,平时要注意以下几点:

（1）在干净泳池内训练。

（2）戴防护镜训练。

（3）训练后及时用干净水洗脸。

（4）自带洗漱用具。

（5）训练后及时用眼药水消毒杀菌。

（二）耳病

游泳运动中常见的耳病是指外耳道感染和中耳炎,外耳道和中耳、内耳的解剖结构图,如图8-23所示。外耳道中有细菌随泳池的水进入或者中耳中有水侵入是造成耳病的直接原因。患耳病的人耳部病状红肿,有灸热感和剧烈的疼痛感,更有甚者会流脓血。

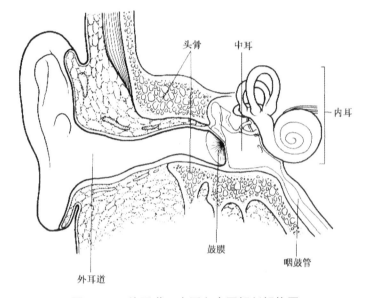

图8-23　外耳道、中耳和内耳解剖解构图

游泳运动员在结束训练后应及时处理外耳道内的积水,排除干净。如果耳朵里感到痒,用消毒棉签轻轻在外耳道擦拭,不能将手指深入耳朵内挖。结束水中的训练后还要及时穿衣保温。在水中用鼻子吸气容易引起中耳炎,所以要掌握用嘴呼吸的方法,不要呛水。

（三）鼻窦炎

体力差、呼吸方式不当、鼻内有细菌侵入等是在水中进行体能训练引起鼻窦炎的主要原因。如果有水进入了鼻子,不要用手指捏,以免造成鼻窦炎。鼻窦炎患者在训练后注意用毛巾局部热敷鼻梁,促进鼻部血液流通,并起到消除炎症的作用。

（四）肌肉痉挛

游泳运动训练中肌肉痉挛是很常见的一类运动性疾病,如果游泳运动员出现抽筋症状,不要慌乱,及时反向拉长肌肉,对抽筋部位进行揉捏、拍打,使肌肉放松。处理后在池边休息,不要着急训练。

游泳运动员在水中出现以下抽筋问题时可通过相应方法得到缓解。

1. 手指肌肉痉挛

手握拳,再张开,充分伸展五指,重复几次（图 8-24[①] ）。

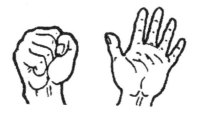

图 8-24　手指肌肉痉挛处理方法

2. 大腿肌肉痉挛

在水中仰卧,深吸气,屈腿,用手将小腿抱住使之向大腿靠近,大腿尽量向胸部靠近,放开小腿,腿伸直。重复几次。（图 8-25 ）。

图 8-25　大腿肌肉痉挛处理方法

3. 小腿肌肉痉挛

站在浅水中或在水中仰卧并深吸气,抽筋腿的异侧手将抽筋腿的脚趾握住并用力拉向身体。同侧手置于膝关节处帮助抽筋退用力伸展,同时对小腿肌肉进行抖动、揉捏,以通过按摩的方式缓解痉挛（图 8-26 ）。

① 刘亚云, 黄晓丽 . 游泳运动 [M]. 长沙: 湖南师范大学出版社, 2007.

图 8-26　小腿肌肉痉挛处理方法

第四节　游泳体能训练中生理指标的自我监督

一、脉搏

在体能训练中,游泳运动员心血管系统的生理负担量可通过脉搏频率客观反映出来。脉搏频率高,说明生理负担量大,机体处于疲劳状态,需要较长的时间才能恢复。在运动量的评定中,采用脉搏频率这一生理指标进行评定既便于操作,结果又相对客观。具体参考的脉搏指标有以下几种。

(一)基础脉搏

基础脉搏是人早上起床后平卧姿势且情绪平稳下的安静脉搏。前一天训练后机体恢复得如何可通过该指标反映出来。

基础脉搏相对稳定,训练、健康、饮食、睡眠等因素会影响基础脉搏的变化。游泳运动员的基础脉搏比其他项目运动员的基础脉搏偏低一些,男、女分别为 50 次 / 分钟和 55 次 / 分钟左右。优秀运动员的基础脉搏更低。如果游泳运动员的基础脉搏为 50 次,训练后第二天晨搏为 50 次左右,说明训练量正常,如果晨搏在 60 次以上,说明前一天的训练量过大,机体还未完全恢复。

游泳运动员在大运动量体能训练初期,因为机体还不适应运动负荷,所以基础脉搏有增加的可能。随着训练的持续,基础脉搏趋于正常范围,甚至呈缓慢下降趋势,这反映出体能训练中安排的运动量比较适宜。如果基础脉搏数随着训练的持续不断上升,或没有规律地波动,说明体能训练中安排的运动量过大。

（二）训练前脉搏

在体能训练前测量游泳运动员在相对安静状态下的脉搏,该指标能够将运动员训练前的机能状况反映出来。

（三）训练后脉搏

训练后脉搏是本次训练中运动量大小的反映。

如果游泳运动员在训练结束后的 5 ~ 10 分钟脉搏可恢复到基础脉搏水平或比基础脉搏少,说明本次训练中运动量小。

如果训练当天晚上运动员睡前脉搏恢复到运动前水平或较低,说明本次训练量中等。

如果训练后第二天晨搏恢复到基础脉搏,说明运动量合理。

（四）即刻脉搏

运动量对运动员机体的刺激深度可通过即刻脉搏反映出来,也就是某一练习结束后即刻测量运动员 6 秒的瞬间脉搏。

（五）间隔脉搏

各项练习之间的间隔脉搏可以将运动员完成每项练习的生理反应体现出来,为便于检查和对比分析,可针对主要练习绘制图表,如图8-27[1] 所示。

通过脉搏的变化对游泳体能训练进行控制,对于预防伤病和提高训练的科学性具有重要意义。可以综合评定运动员的脉搏变化数据和运动成绩。脉搏下降,成绩提高,证明运动员训练水平提高;成绩下降,脉搏增加,说明体能训练中运动量安排不合理或运动员训练水平下降;成绩下降,脉搏减慢,考虑是否存在过度训练的问题。

① 全国体育院校教材委员会审定.游泳运动 [M].北京：人民体育出版社,2001.

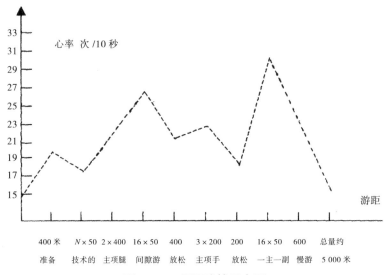

心率 次/10 秒

游距

| 400 米 | N×50 | 2×400 | 16×50 | 400 | 3×200 | 200 | 16×50 | 600 | 总量约 |
| 准备 | 技术的 | 主项腿 | 间隙游 | 放松 | 主项手 | 放松 | 一主一副 | 慢游 | 5 000 米 |

图 8-27　间隔脉搏示意图

二、血压

运动训练中血压的变化存在显著的个体差异,在游泳体能训练运动量和运动员训练水平的评定中可采用这一简易的生理学指标。

运动员在训练前因为心理紧张,有可能血压会升高,这是正常的生理反应,一般半小时内可以基本恢复正常水平。

训练中运动员血压的变化能够反映出训练强度。

低强度训练后高压上升 2.67 ～ 3.40 千帕,低压下降 0.67 ～ 1.33 千帕,一般在 3 ～ 5 分钟内恢复。

中等强度训练后高压上升 2.67 ～ 5.33 千帕,低压下降 1.33 ～ 2.67 千帕,一般在 20 ～ 30 分钟内恢复。

大强度训练后高压可上升 5.33 ～ 7.80 千帕,低压下降 2.67 ～ 3.40 千帕,一般在一天内恢复。

如果训练结束几周甚至几个月后血压一直上升,并有头晕、虚弱乏力等症状,说明训练中运动量安排不适宜。

第九章　游泳救生与安全监控体系研究

　　游泳是在水中进行的运动,由于运动环境的特殊性,游泳者必须注意安全和卫生,预防伤病和意外事故,保障安全与健康。游泳者还需要掌握救生技术,在发生意外事故后可以及时采取救助措施来挽救生命。本章主要探讨游泳救生与安全监控体系的内容,包括掌握游泳卫生与安全常识,练习游泳救生的常用技术和现场急救技术。

第一节　游泳卫生与安全常识的掌握

　　现在,游泳运动的爱好者越来越多,随着游泳人口的增加,游泳中发生意外事故的情况也很常见,如溺亡、骨折、传染病等。为了保障游泳者的健康与安全,必须加强安全卫生教育,加大对游泳卫生与安全常识的宣传及普及力度,使游泳者能够充分重视安全与卫生问题,提高自我保护和救助他人的意识与能力。下面具体分析参与游泳运动员应该注意的卫生与安全常识。

一、谨记安全第一

　　游泳是在水中进行的一项运动,运动环境的特殊性决定了游泳者要保持高度警惕,时刻牢记安全问题,以免因疏忽大意造成意外事故的发生。

　　反复宣传游泳安全知识和安全注意事项很有必要。在游泳前,教练或管理人员要反复对安全和急救措施加以强调,使游泳者树立安全意识,按规定参与这项运动。游泳场所要特别重视开展安全防范与管理工作,根据需要对救生设施器材加以置备,对救生员进行专业培训,以实战培训为主。不管是工作人员还是游泳者,对于已制定的安全制度都要严格遵守与落实。

游泳爱好者最好随组织参加游泳活动,或者找同伴一起去游泳,这样比单独行动更安全一些,在发生意外时可以获得同伴的救助。在天然水域游泳的危险性比在室内游泳的危险性更大一些,所以尽可能不要一个人在天然水域游泳。

二、正确选择游泳场所

对游泳者来说,室内游泳馆是游泳场所的首选,这类游泳场所的优势在于深浅水标志明显,池水经过消毒后水质好,有专门的管理人员和救护人员,对游泳者来说健康、卫生和安全都能得到一定的保障。选择游泳馆游泳时,注意在水池中不要打闹、长时间憋气,在浅水区不要练习跳水,在池边不要追逐打闹,这些都是要特别注意的安全问题。

如果游泳者喜欢在户外自然水域游泳,要先对水的深浅、水的清洁程度、水草密集度、旋涡、暗流等情况做全面的了解,然后综合判断在水域中游泳是否安全、卫生。如果游泳者要在海边游泳,那么潮水的涨落时间和规律是必须要提前摸清的,尽量不要去离海边远的水里游泳,否则发生危险事故的可能性较大。

三、游泳前检查身体健康情况

先体检,根据健康情况判断是否适合游泳,这是很重要的一步。如果不清楚自己的身体情况而贸然游泳,则发生意外事故、传播病菌及染上疾病的可能性较大。如果身体检查出有红眼病、中耳炎、皮肤病、传染性肝炎、肺结核、高血压、心脏病等,那么不适合游泳。女性在生理期游泳要做好卫生措施。

四、做好充分的身体准备

为了尽快进入良好的游泳状态,使身体各方面的机能都适应游泳需要,就需要在游泳前做好充分的身体准备。具体来说,它的意义在于促进神经系统兴奋性的提升,促进呼吸和心血管系统机能的增强,促进新陈代谢,使血液循环更通畅,增加肌肉力量、弹性,增加关节活动的灵活性,预防拉伤、肌肉痉挛等常见的游泳运动伤病。

跑步、陆上模仿练习、肌肉和韧带拉伸练习、广播操等是准备活动的主要内容,在准备活动中充分活动身体各部位的肌肉和关节,尤其是游泳中经常用到的、承受负荷大的肌肉与关节。

准备活动结束后不能立即下水,要先休息片刻,然后淋浴冲洗,冲洗时建议用冷水,以便于更好地适应泳池水温。如果不淋浴直接下水游泳,则身上的汗液会对泳池的水造成污染,影响水质。

五、量力而行

不熟练游泳技术的人以浅水区为主要活动区域,擅长游泳的人可以在深水区游泳,但不管游泳者的游泳技术如何,都要量力而行,运动量适宜,自我感觉疲劳时立刻停止游泳,在安全区域休息,将身上的水擦干,待疲劳消除、机体恢复后再游泳。

六、懂得呼救、自救,积极帮助他人

游泳过程中,如果自己出现不适症状,如肌肉痉挛,要先做好自我救护,缓解症状,同时向周围的人或救生人员求救,以获得更多更专业的救助。如果发现其他游泳者在水中出现危险事故或伤病问题,要及时提供救援与帮助,同时呼救他人一起加入救援。

七、不宜游泳的几种情况

（一）饮酒后不宜游泳

饮酒后神经系统兴奋或抑制状态都处于“非正常”水平,此时游泳发生危险事故的可能性大。

（二）疲劳时不宜游泳

身体疲劳感明显时,肌肉工作能力下降,动作缺乏协调性,此时下水游泳会进一步加重疲劳症状,可能引起肌肉痉挛,而且溺水的可能性也大。因此,疲劳时不宜游泳,应在身体机能恢复正常水平后再下水。

（三）饥饿时不宜游泳

空腹状态下人容易低血糖，此时游泳很容易出现肢体虚弱无力、头晕等不适症状，所以饥饿时不宜游泳。

（四）饱食后不宜游泳

饱食后要隔一小时左右再下水游泳，不能饭后立即下水，因为游泳过程中消化系统的血液供应会减少，影响消化系统的功能和机体对营养的吸收。另外，肠胃的蠕动功能受水温和水压的影响较大，所以饱腹状态下在水中容易胃抽筋，出现腹痛、恶心呕吐等症状，这不仅有害于自身健康，还会影响水的清洁。

八、注意卫生，遵守文明规定

游泳时讲文明，自觉遵守公共卫生，不向水中吐痰、扔垃圾。个人卫生也很重要，特别是泳衣的卫生，潮湿的泳衣中有大量致病性微生物和细菌，所以游泳后要及时淋浴，清洗、晒干泳衣。

第二节　游泳救生常用技术的练习

一、踩水技术

踩水技术是比较常用的一项游泳救生技术，踩水速度较慢，安全性好，在浑浊的水中或者不了解水流时采取救生行动多采用这一技术，便于对水面情况进行观察，也方便移动、拖带、变换方向，从而比较顺利地完成救助。

（一）身体姿势

踩水时的身体姿势如图 9-1[①] 所示。

---

① 全国体育院校教材委员会.游泳运动 [M].北京：人民体育出版社，2001.

（1）上体稍向前倾，直立漂浮。

（2）下颌基本接近水面，头露出水面。

（3）稍屈臂，与胸齐高，手心朝水底，屈髋，大小腿折叠成直角。

图 9-1　踩水身体姿势

（二）腿部动作

踩水时，双腿蹬压非常关键，动作方法为髋稍屈，大腿与上体夹角约120°，膝弯曲，小腿外翻朝下。然后大腿稍下压，膝内扣，小腿下蹬压水，呈弧形状运动轨迹。膝关节即将蹬直时小腿迅速折叠，大腿稍往上抬，脚外翻，进入新一轮蹬压。

整个腿部动作由收腿、翻脚、蹬压组成，脚的运动轨迹呈椭圆形，如图 9-2 所示。

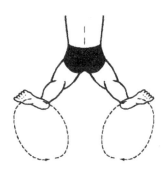

图 9-2　踩水腿部动作

（三）手臂动作

屈臂于胸前，两手向外、向内同时拨压水，主要是前臂和手摆动，上臂动作幅度很小，整个运动轨迹似弧形。手臂周而复始运动，整体动作要求是连贯、圆滑、有节奏(图 9-3)。

图 9-3　踩水手臂动作

手臂的具体动作分以下两种情况。

1. 两腿同时蹬压时手臂动作

两腿向下蹬压时,两臂向外弧形拨压水,两腿收回时,两臂向内弧形拨压水(图 9-4)。

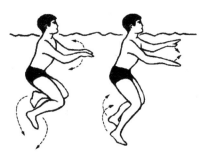

图 9-4　两腿同时蹬压时手臂动作

2. 两腿交替蹬压时手臂动作

一腿向下蹬压时,两臂向外弧形拨压水,另一腿向下蹬压时,两臂向内弧形拨压水(图 9-5)。

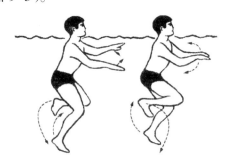

图 9-5　两腿交替蹬压时手臂动作

（四）完整配合技术

踩水时,呼吸自然,与肢体动作协调配合。上下肢也要协调配合,配合方式是下肢蹬压水一次,上肢摸压水一次,基本同时完成,周而复始。

二、侧泳技术

侧泳是身体侧卧水中向前游进的一种泳式。在游进过程中,两臂交替划水,两腿蹬剪水。侧泳动作轻松,呼吸自然,容易掌握,抢救溺水者时可采用这一技术。

（一）身体姿势

侧卧,腿比肩稍低,游进时,身体绕纵轴转动,保持45°～50°的幅度（图9-6）。

图 9-6　侧泳身体姿势

（二）腿部动作

1.收腿

上侧腿屈膝,大腿提收,小腿前移,卜侧腿展髋、屈膝,小腿折叠。这一动作结束时,上侧腿大小腿折叠45°～60°;下侧腿大小腿折叠30°～40°（图9-7）。

2.翻脚

收腿即将完成时,上侧腿脚尖勾起,直膝,小腿稍向前伸,脚底与蹬水方向相对。下侧腿脚尖绷紧,脚背对着剪水方向（图9-8）。

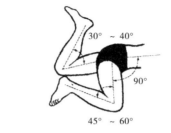

图 9-7　收腿动作

图 9-8　翻脚动作

3．蹬剪

上侧腿展髋,大腿向后摆动蹬夹。同时,下侧腿直膝,脚背对水向后剪腿。两腿剪刀状剪绞。

（三）手臂动作

一臂划水后提出水面前移,另一臂划水后在水下收手前伸,交替进行。

（四）完整配合技术

侧泳的完整配合技术如图 9-9 所示。在一次完整动作周期中按1∶2∶1 的比例配合,即蹬剪水 1 次,划水 2 次(左、右臂各 1 次),呼吸 1 次。

三、潜泳技术

潜泳是在水下游进的一种游泳救生技术。由于这种游泳技术不受装备的限制,简单易行,因而在抢救溺水者时应用较多。潜泳技术有潜深和潜远两种方式。

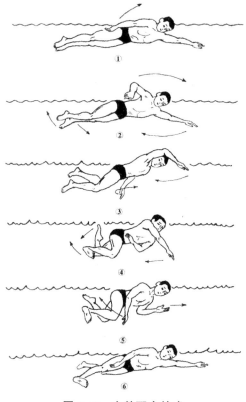

图 9-9 完整配合技术

（一）潜深

1. 头朝下潜深

先深吸气，快速低头、收腹、团身，身体前翻，头始终朝水底。直臂、展体，依靠重力入水。两腿向上蹬夹，加快下潜速度。到达一定深度时，身体过渡到水平姿势（图 9-10）。

2. 脚朝下潜深

两臂先用力压水，双腿同时发力蹬夹水，腰部借力从水中跃出，深吸气，两腿迅速靠拢蹬直，直臂，身体在重力作用下向水下沉。两手自下而上拨水。到达一定深度时，低头团身，过渡到水平姿势（图 9-11）。

图 9-10　头朝下潜深

图 9-11　脚朝下潜深

（二）潜远

　　潜远有蛙式潜泳、长划臂潜泳等不同方式,蛙式潜泳与正常蛙泳姿势大体相同,只是一个在水面,一个在水下,所以动作稍有区别,整个动作过程如图 9-12 所示。

　　长划臂潜泳与蛙式潜泳相比,身体姿势、腿部动作完全相同,但手臂动作和完整配合技术稍有区别,整个过程如图 9-13 所示。

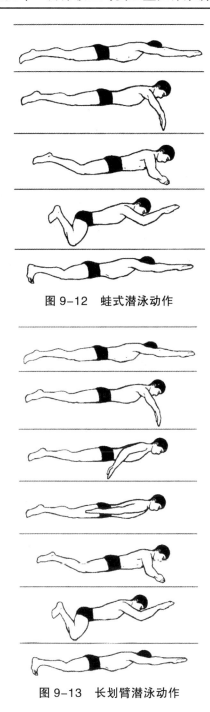

图 9-12　蛙式潜泳动作

图 9-13　长划臂潜泳动作

四、反蛙泳技术

反蛙泳就是身体翻过来的蛙泳,也称蛙式仰泳。反蛙泳呼吸自然、动作自如,节省体力,易学习和掌握,在抢救溺水者时常采用这项技术。

反蛙泳时,身体仰卧,两腿像蛙泳一样蹬夹,两臂前摆入水,然后在体侧同时向后划水,整个动作如图 9-14 所示。

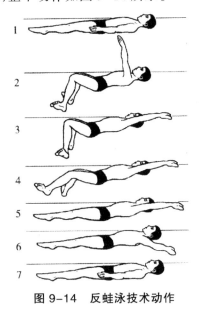

图 9-14 反蛙泳技术动作

(一)身体姿势

平直仰卧,脸露出水面,目视后上方。

(二)腿部动作

腿部蹬夹动作方法为:收腿时,髋稍屈,小腿折叠与大腿垂直时开始翻脚,大腿稍内旋,小腿和脚向外张开,用脚内侧面对准水;翻脚后,大小腿折叠角度变小,两脚跟再分开一些,展髋,直膝,小腿和脚向后蹬夹水,加速游进;在最后阶段,踝伸直,脚掌向后、向内、向下鞭打,接着两腿蹬直靠近,向前滑行。

（三）手臂动作

手臂伸直提出水面向前摆动,在肩前同时入水,然后左右分开,向外、向后划水,划水结束时,两臂贴在身体两侧。

（四）完整配合技术

呼吸与上下肢动作协调配合,空中移臂时吸气,手臂入水后闭气,划水时均匀呼气。

第三节　游泳救生的现场急救技术练习

一、溺水及心肺复苏急救技术

游泳馆、露天游泳水域有明显的安全标识,不断宣传安全卫生常识,更新与完善安全管理制度,提醒游泳者注意防范,加强救生员的救生技术培训,这些举措使得溺水事故的发生率降低,但毕竟游泳运动的环境比较特殊,游泳者自己疏忽大意或者游泳场所存在安全隐患时还是有发生溺水事故的可能。溺水的过程如图 9-15 所示。

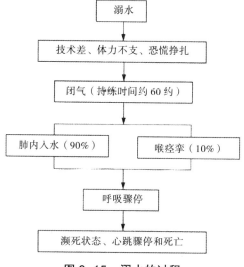

图 9-15　溺水的过程

溺水有等级之分,包括轻度溺水、中度溺水和重度溺水三个等级,不同等级的溺水有不同的临床表现,如表9-1[1] 所示。

表 9-1　溺水分级

程度	溺水时间	临床表现
轻度	不足 1 分钟	（1）血压升高 （2）心跳加快 （3）神志清醒
中度	1～2 分钟	（1）呼吸又浅又慢，没有规则 （2）血压下降 （3）心跳减慢 （4）神志不清
重度	3～4 分钟	（1）面部肿胀，呈青紫色 （2）眼睛充血 （3）大量血性泡沫存在于口、鼻、气管内 （4）肢体冰凉、抽搐 （5）心律不齐，两肺有弥漫性湿性啰音

人溺水超过 1 分钟后,短时间内就会昏迷、神志不清,这主要是因为大脑组织对氧的需求较大,消耗的氧气很多,一旦没有充足的氧气供应,大脑就会出现不适症状,陷入昏迷。虽然人的体重中脑组织重量只占了很少比例,但是大脑血流量和耗氧量在心输出量、全身耗氧量中占的比例较大,分别占 15%（约 800 毫升）和 20%。这就可以解释溺水后昏迷的原因了。

如果溺水者出现呼吸、心跳停止的危险症状,就要及时采取心肺复苏急救措施来挽救生命,通过人工呼吸、胸外按压等方式使溺水者能够恢复自主呼吸和心脏跳动,促进血液循环,逐渐苏醒过来。

心肺复苏急救技术的操作步骤如图 9-16[2] 所示。

下面重点对心肺复苏急救技术中的两大要素——人工呼吸、胸外按压进行详细分析。

（一）人工呼吸

对溺水者是否还有呼吸来进行判断,确定没有后,立刻进行人工呼吸,人工呼吸有几种不同的方式,具体以溺水者的实际情况和现场救生

① 　杨建华.游泳与救生 [M].成都：西南交通大学出版社，2013.
② 　全国体育院校教材委员会.游泳运动 [M].北京：人民体育出版社，2001.

条件为依据来选用合适的人工呼吸方式。

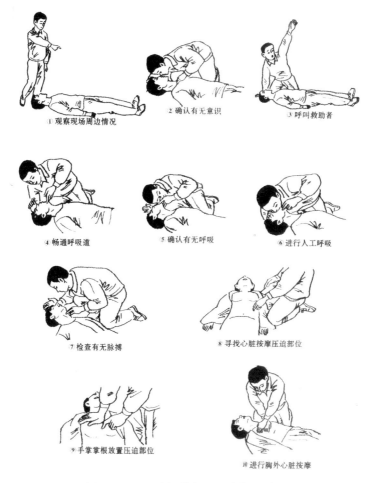

① 观察现场周边情况　　② 确认有无意识　　③ 呼叫救助者

④ 畅通呼吸道　　⑤ 确认有无呼吸　　⑥ 进行人工呼吸

⑦ 检查有无脉搏　　⑧ 寻找心脏按摩压迫部位

⑨ 手掌掌根放置压迫部位　　⑩ 进行胸外心脏按摩

图 9-16　心肺复苏急救技术操作步骤

1. 口对口人工呼吸

采用口对口人工呼吸方式时,最终的效果与施救者的吹气量、吹气频率、吹气速度等因素有直接的关系,具体操作方式为:使溺水者呼吸道通畅,用拇指与食指将溺水者的鼻翼捏住,使其鼻腔处于封闭状态,以免从这里溢出由施救者吹入溺水者口内的气体(漏气)。施救者用力吸气,嘴巴与溺水者嘴巴贴近并将其嘴巴包住,然后向溺水者口中吹气,要求吹气时缓慢、均匀,使溺水者胸腔微膨胀或重新有了收缩变化(图 9-17)。

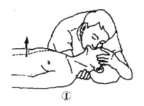 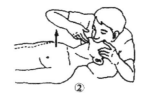 

图 9-17　口对口人工呼吸

2. 口对鼻人工呼吸

遇到溺水者闭紧牙关无法张口、溺水者口部受伤严重、施救者的嘴巴无法将溺水者的嘴巴完全包住等,在这些情况下不可以实施口对口人工呼吸的急救方式,须采取口对鼻人工呼吸。

这种人工呼吸的操作方式为:在溺水者的额前放一只手按压,另一只手将溺水者的下颌抬起,此时溺水者的状态是平躺,头稍向后仰,下颌稍抬高,嘴巴紧闭。施救者用力吸一口气,嘴巴将溺水者的鼻子包住,向其鼻内吹气,然后嘴巴移开,让呼入鼻内的气体自动往外排(图9-18)。

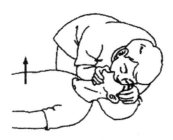

图 9-18　口对鼻人工呼吸

3. 口对面罩人工呼吸

在溺水者面部放好面罩,面罩要紧贴溺水者面部,形成良好的密闭状态,在溺水者的额前放一只手按压,另一只手将溺水者的下颌抬起,此时溺水者的姿势是平躺,头稍向后仰,下颌稍抬高,使溺水者的气道处于开放状态,施救者用力吸一口气,嘴巴包住面罩向溺水者均匀吹气。

要按照溺水者的脸型选用大小适宜的面罩,所选面罩要能将溺水者面部完全包住,尤其能够将溺水者的嘴巴和鼻子紧紧罩住,施救时要对溺水者口中的反流物进行观察。

4.球囊—面罩人工呼吸

球囊—面罩人工呼吸法和口对鼻人工呼吸法类似,只是施救者不再是用嘴巴吹气,而是用充气气囊吹气。在充气口罩上连接一个单向阀门(不可逆流),再加上手动充气气囊就构成了这种人工呼吸方式所采用的装置,有时为了促进吹入施救者口中气体的氧气浓度的提高,还会在装置上接一个氧气接头。

这种人工呼吸技术已经发展得很成熟了,但是因为比较复杂,掌握起来有一定难度,对施救者的实践经验和操作水平都有较高的要求,所以非专业人士很少使用这种急救方法。

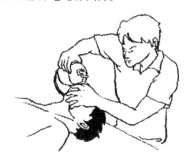

图 9-19　球囊—面罩人工呼吸

（二）胸外按压

实施胸外按压技术,要先判断溺水者脉搏是否跳动。触摸颈动脉是最佳判断方式。颈动脉与心脏挨得近,心脏、脉搏的跳动可从颈动脉中反映出来。

施救者在溺水者额前放一只手轻轻按压使其向后仰头,另一只手将溺水者下颌抬起,然后向颈动脉处挪动(图9-20)。观察脉搏是否有跳动。如果有,继续实施人工呼吸急救措施;如果没有,在人工呼吸的同时配合采用胸外心脏按压的急救措施。

图 9-20　触摸颈动脉方法

胸外心脏按压的方法如下。

1. 寻找按压部位（图 9-21）

（1）施救者一手食指和中指从溺水者上体肋骨开始移向上体中央，确定两侧肋骨的结合点在哪里，

（2）找准结合点的位置后，中指按在这里，食指置于胸骨处，要按压的地方就是此时食指的稍上方位置。

（3）施救者另一只手的掌根移到胸骨处，原来那只手的手掌压在这只手上做好按压准备。

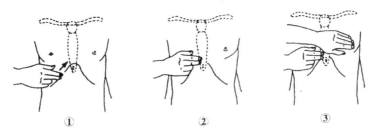

①   ②   ③

图 9-21 寻找按压部位步骤

2. 按压方式

施救者双膝跪地，双手在按压位置，两臂用力向下按压，主要是肩部和臂部发力，如图 9-22 所示，图中 4～8 厘米指的是按压深度。

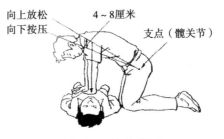

向上放松
向下按压
4～8厘米
支点（髋关节）

图 9-22 胸外按压

3. 按压频率

以平均每分钟 100 次的频率按压。

二、溺水者脊柱损伤的急救技术

（一）搬运

如果发现溺水者脊柱损伤，不仅要采取心肺复苏急救技术，还要重点针对脊髓损伤情况实施急救，正确搬运。有些溺水者还存在不同程度的脏器损伤，对此要根据具体情况进行处理，处理时要有轻重缓急，明确先后顺序，尽最大可能挽救生命。

最好使用平板或急救板来搬运。要特别小心地对患者进行挪动，往担架上抬患者或者从上往下抬时，施救人员要以一致的动作完成，水平抬起和放下。通常需要三四名人员搬运，其中有一名指挥人员，在其的指挥下所有施救者按统一指令执行救援。整个搬运过程中，溺水者都必须保持水平姿势，不可用使溺水者身体弯曲的工具如藤椅等来进行搬运，也不能人工直接背溺水者，否则会使脊柱损伤更严重。

对颈椎损伤的溺水者实施搬运时，要用颈托将其颈部固定好。在急救现场没有备用颈托的情况下，应安排一名施救者专门负责对颈部的固定。颈托有大小之分，具体要依据被救者的体型来选择。

使用颈托需注意以下几点：

（1）将溺水者的颈部小心翼翼地放在"正中位"。

（2）施救者用手指对溺水者从下颌到肩部的距离进行度量，然后调整颈托使之与溺水者颈部大小匹配。

（3）向溺水者的后颈小心穿入颈托，然后小幅度调整颈托使下颌垫小圆点与溺水者下颌尖吻合。

（二）水中急救

1. 处理程序

（1）对溺水者的颈部予以固定。

（2）检查溺水者的呼吸情况，如果呼吸停止，在急救板上固定好溺水者，再向岸上运送，专业人员在岸上进行心肺复苏急救。

2. 处理要点

（1）尽可能不要让溺水者移动受伤部位。

（2）施救时溺水者的面部始终露出水面。

（3）对溺水者的呼吸、神志进行判断与检查,以便明确急救处理的先后顺序。

（4）尽量在浅水区进行水中急救,如果不得已要在深水区进行急救处理,为便于救助,可采用浮物。

（5）将溺水者固定在急救板上时,先固定胸部,再固定颈部,然后固定其他部位。

（6）水中完成紧急施救后运到岸上进行施救。

3. 颈部固定

（1）手臂固定法,如图 9-23 所示。

①施救者向溺水者靠近,双手将溺水者上臂抓紧,手臂伸展对溺水者头部加以固定,使溺水者头颈、身体在一条水平线上。

②施救者将溺水者缓缓向前推,使其身体浮起来。

③施救者向自己的方向将溺水者翻转,使其面部露出水面。

④施救者双手将溺水者两臂托住。

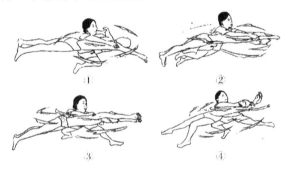

图 9-23　手臂固定法

（2）手钳固定法。

①溺水者俯卧位。如果施救者在溺水者右侧,用左手将溺水者颈部固定好,右臂肘部向溺水者胸部靠近并紧贴,虎口张开,用拇指、食指在面颊部位按压。左肘与溺水者背部紧贴,手掌托在溺水者脑后,将溺水者向上翻转,使其面部露出水面。

②溺水者仰卧位。固定头颈与身体的方法同上,用水里的那只手对溺水者的后脑及背部予以固定,再用另一手将溺水者的下颌和胸部固定好。

（三）陆上急救

1. 基本要求

（1）将急救设备准备好。

（2）施救者先将自己的肘关节固定好，再对溺水者的头颈部予以固定。

（3）使溺水者头部始终位于"正中位"。

（4）明确要把溺水者向哪个方向和哪个目的位置移动，然后多名施救者配合完成搬运。

2. 上岸方法

在水中实施紧急救援后，应尽快向岸边运送溺水者，在岸上实施进一步的救护。

（1）有急救板固定的运送。至少应有 2 名施救者运送有急救板固定的溺水者。人数越多，行动越快，施救效率越高，对溺水者的生命健康更有保障。

施救者甲双手将溺水者头颈部固定好，施救者乙从侧面向溺水者身下放急救板，施救者丙用固定带将溺水者胸部、腰部固定好，施救者丁将溺水者脚部固定好，全面固定是为了预防溺水者从急救板上滑下去。

做好固定工作后快速向水池边运送急救板，2 名施救者分别位于急救板两侧抬急救板的顶部。一名施救者在岸上用力向上拉急救板顶部，还有一名施救者在水中将急救板的尾部向上推。

（2）无急救板固定的运送。无急救板固定的运送需要 4 名施救者一起配合完成。

施救者甲先向浅水处托运溺水者，使溺水者平行于池边。施救者乙、丙、丁在水中一起将溺水者托到与岸齐平的高度，施救者甲发令，甲、乙、丙、丁四人一起用力抬起溺水者送上岸。此时岸上的施救者戊将溺水者颈部固定好，施救者丁、丙、乙的手臂依次从溺水者后背拿开。

3. 颈部固定

（1）头锁法。施救者正对溺水者头顶双膝跪地，肘关节支撑在地上，双手放在溺水者头两侧，拇指在溺水者前额处轻轻按压，食指、中指在溺水者面颊处按压，无名指和小指在溺水者耳下。

（2）头胸固定法。施救者在溺水者头一侧双膝跪地：一臂肘关节支撑在地上，另一臂肘关节放在溺水者胸骨处，手掌在溺水者面颊上；先将溺水者肘关节固定好，然后手掌在前额以一定力度施压，以免头颈部移动。

（3）胸背固定法。站在溺水者侧面，一臂肘关节与前臂置于溺水者胸骨上，这只手臂的拇指、食指按压溺水者面颊；另一手臂放在溺水者背部脊椎骨上，手掌在其脑后托住，手指用力将其头部固定好，以免头部移动。

参考文献

[1] 王冬月.花样游泳运动员的体能训练[M].郑州：郑州大学出版社，2017.

[2]G.约翰·穆伦.游泳科学 优化水中运动表现的技术、体能、营养和康复指导[M].王雄，韩照岐，周超彦，译.北京：人民邮电出版社，2020.

[3] 闫琪.游泳专项体能训练[M].北京：北京体育大学出版社，2010.

[4] 曹永臻.中国游泳年龄组运动员体能训练理论与实证研究[M].北京：人民体育出版社，2014.

[5] 王向宏.体能训练理论与方法[M].北京：北京航空航天大学出版社，2010.

[6] 全国体育院校教材委员会.游泳运动[M].北京：人民体育出版社，2001.

[7] 赵琦.体能训练理论与方法[M].南京：东南大学出版社，2017.

[8] 陈岩.游泳运动学与练[M].北京：人民体育出版社，2011.

[9] 潘峰.功能性体能训练理论分析与科学方法研究[M].北京：中国水利水电出版社，2017.

[10] 张帅,张悦.游泳运动员耐力训练方法初探[J].内江科技，2012,33（09）：177,182.

[11] 朱晓丹,许聪.11-14岁年龄组游泳有氧耐力训练分析[J].游泳，2017,4（02）：40-41.

[12] 陈琳.我国花样滑冰运动员有氧耐力训练方法的研究[D].哈尔滨：哈尔滨体育学院，2013.

[13] 王卫星.高水平运动员体能训练的新方法[M].北京：北京体育大学出版社，2013.

[14] 杨海平,廖理连,张军.实用体能训练指南[M].广州：广东高等教

育出版社,2013.

[15] 余立.浅谈游泳运动体能训练特点 [J].科技信息,2014,4（10）:
249,254.

[16] 张英波.现代体能训练方法 [M].北京:北京体育大学出版社,2006.

[17] 黄鹏.运动体能实训指导 [M].北京:化学工业出版社,2016.

[18]Bill Foran.高水平竞技体能训练 [M].袁守龙,刘爱杰,译.北京:北
京体育大学出版社,2006.

[19] 谭成清,李艳翎.体能训练 [M].长沙:湖南师范大学出版社,2012.

[20] 科斯蒂尔,马格利索,理查德森.游泳 [M].温宇红,译.北京:人民
体育出版社,2001.

[21] 刘亚云,黄晓丽.游泳运动 [M].长沙:湖南师范大学出版社,2007.

[22] 姚鸿恩.体育保健学 [M].北京:高等教育出版社,2006.

[23] 杨翼,李章华.运动性疲劳与防治 [M].北京:北京体育大学出版社,
2008.

[24] 杨建华.游泳与救生 [M].成都:西南交通大学出版社,2013.

[25] 刘聪.青少年竞技游泳训练理论实践 [M].天津:天津科学技术出版
社,2020.

[26] 王建国.游泳指南 [M].芜湖:安徽师范大学出版社,2012.

[27] 陆一航.游泳训练理论创新与实践[M].北京:北京体育大学出版社,
2013.

[28] 李忠,杨贻茂.游泳训练指南 [M].北京:国防大学出版社,2007.

[29] 庄树宝.游泳安全与救助 [M].广州:南方日报出版社,2013.

[30] 陆一帆,方子龙,张亚东.游泳运动科学训练与监控 [M].北京:北
京体育大学出版社,2007.

[31] 周超彦,韩照岐,冯连世.游泳长距离项目专项训练生理生化监控
方法研究 [M].杭州:浙江大学出版社,2019.

[32] 张大超.我国优秀游泳运动员训练过程监控系统研究 [M].北京:人
民体育出版社,2008.